# KARTOFFEL

*Gourmet-Variationen zu einem klassischen Thema*

Bodo A. Schieren

# KARTOFFEL

Gourmet-Variationen zu einem klassischen Thema

SÜDWEST

© 1989
by Südwest Verlag GmbH & Co.KG,
München
Alle Rechte,
auch die des auszugsweisen
Abdrucks, vorbehalten.

| | |
|---:|:---|
| Konzept & Realisation: | Bodo A. Schieren |
| Text & Redaktion: | Karin Felix |
| Fotografie & grafische Gestaltung: | Bodo A. Schieren |
| Foodstyling: Rezeptseiten: | Jürgen Suré |
| Kapitelseiten: | Bodo A. Schieren |
| Rezepte: | Jürgen Suré |
| Rezeptbearbeitung: | Barbara Schieren |
| Lithografie & Satz: | Colortechnik GmbH, München |
| Druck: | aprinta, Wemding |
| Bindung: | Conzella, München |
| Einbandfoto & Einbandgestaltung: | Bodo A. Schieren |

Printed in Germany
ISBN 3-517-01163-0

# INHALT

| | |
|---|---:|
| Der Autor und seine Mitarbeiter | 6 |
| Vorwort | 8 |
| Kartoffel-Geschichte | 12 |
| Anbau und Zucht | 18 |
| Kartoffelsorten | 22 |
| Lagerung | 26 |
| Ernährungswissen | 28 |
| Einkaufstips | 30 |
| Küchenhelfer | 32 |
| Kräuter & Gewürze | 38 |
| Lexikon: Kräuter & Gewürze | 40 |
| Rezeptteil | |
| Frühkartoffeln | 42 |
| Salzkartoffeln | 48 |
| Pellkartoffeln | 52 |
| Kartoffel-Salate | 56 |
| Bratkartoffeln | 60 |
| Suppen | 72 |
| Eintöpfe | 82 |
| Pürées | 90 |
| Knödel & Klöße | 100 |
| Gnocchi | 116 |
| Puffer, Crêpes & Co. | 122 |
| Fritiertes | 132 |
| Kroketten | 138 |
| Gratins & Aufläufe | 152 |
| Ofen-Spezialitäten | 168 |
| Brot & Gebäck | 176 |
| Gemischte Salate | 184 |
| Essig & Öl | 194 |
| Lexikon: Essig & Öl | 198 |
| Fertig-Produkte | 200 |
| Tiefkühl-Ware | 202 |
| Passende Getränke | 204 |
| Bier | 206 |
| Lexikon: Bier | 210 |
| Wein | 212 |
| Wein-Empfehlungen | 214 |
| Wodka | 216 |
| Register | 218 |
| Quellennachweis | 224 |

# DER AUTOR & SEINE MITARBEITER

**Bodo A. Schieren** wurde nach dem Besuch der Werkkunstschule Krefeld als Gebrauchsgrafiker ausgebildet. Danach war er in mehreren Werbeagenturen als Art Director tätig. Ende der 70er Jahre machte er sich in München als Werbefotograf selbständig und spezialisierte sich auf die Gebiete Stillife- und Foodfotografie. Er ist Autor und Fotograf des international erfolgreichen Kochbuchs »Spaghetti – Lukullische Raffinessen al dente« ebenfalls im Südwest-Verlag erschienen.

**Karin Felix** ist Journalistin. Als stellvertretende Chefredakteurin bei den Frauenzeitschriften »freundin« und »Brigitte« war sie unter anderem für die Bereiche »Kochen« und »Gesundheit« zuständig. Sie hat ein Buch über Fitneß und Gesundheit mit Betonung auf gesunder Ernährung geschrieben. Zur Zeit arbeitet sie als freie Autorin. Für dieses Buch hat sie mit Ausnahme der Rezepte alle Texte verfaßt.

**Jürgen Suré** erhielt seine Ausbildung auf der Hotelfachschule »École Hotelière de Straßbourg« sowie im Zwei-Sterne-Restaurant »Greiveldinger« in Luxemburg. Er war anschließend als Personal Adviser für eine international führende Hotelkette tätig, bevor er sich 1984 als Food-Stylist selbständig machte. Suré ist Träger mehrerer Auszeichnungen verschiedener Hotel- und Gaststättenverbände.

# EIN DANKESCHÖN

Meinen herzlichen Dank
für die freundliche Unterstützung
am Zustandekommen dieses Buches
möchte ich hiermit folgenden
Firmen und Personen aussprechen:

WilliamS Selection
Handelsgesellschaft mbH
8000 München

C. J. Riedel
Tiroler Glashütte GmbH
A-8332 Kufstein

Wunderhaus Einrichtungen
8043 Unterföhring bei München

KOCHGUT, Christa Dietrich
8000 München 80

Bertram Reuter, CMA
5300 Bad Godesberg

Siegfried Hofmeister
Weinkellerei
8045 Ismaning

# VORWORT

*Das älteste deutsche Kartoffelrezept ist 400 Jahre alt. Es stammt von Marcus Rumpolt, dem Mundkoch des Mainzer Kurfürsten. Vermutlich hat er die »Erdäpfel« und ihre Zubereitung in Italien kennengelernt. Seit dieser Zeit ist die Kartoffel – sie stammt ursprünglich aus Amerika – neben dem täglichen Brot das Volksnahrungsmittel Nummer eins.*

*Kartoffel bedeutet für viele seit frühen Kindertagen den Hochgenuß von Pommes frites und Chips, von Kartoffelbrei und Pellkartoffeln. Kartoffel, das ist ein Appell an die Phantasie des Kochs, an die Gabe der Improvisation. Kartoffel, das muß nicht nur einfach mit Stippe sein, das können auch und gerade raffinierte Gourmet-Variationen mit Lachs, Kaviar & Co sein.*

*Dieses Buch will informieren über die Geschichte der Kartoffel, über Sortenvielfalt und Lagerungsmöglichkeiten, über Kalorien- und Nährwerte, über Kräuter und Gewürze, es gibt Einkaufstips und Getränkeempfehlungen. Und es soll vor allem mit seinen Rezepten und Ideen der gehobenen raffinierten Küche zum Selbermachen und Nachvollziehen anregen. Mit seiner exzeptionellen Ausstattung und seiner überzeugenden didaktischen Konzeption garantiert es nicht nur Augenschmaus, sondern vor allem auch Kochvergnügen der gehobenen Kategorie.*

# Kartoffel

**lat.** solanum tuberosum, *n*;
**böhm.** brambor, *m*;
brambory, *mpl*; zemčata, *npl*;
**dän.** Kartoffel, *g*;
**engl.** potatoe;
**frz.** pomme de terre, *f*;
**gr.** (neugr.) γεώμηλον, *n*;
**holl.** aardappel, *m*;
**ital.** patata, *f*;
**norw.** Potet, Potetes, *g*;
**russ.** картофель, *m*;
**schw.** jordpäron, potates, *n*;
**sp.** patata, *f*;
**ung.** burgonya, pityóka, kolompír, krumpli.

*Aus »Pierer's Konversations- und Sprachen-Lexikon«. UNION – Deutsche Verlagsgesellschaft Stuttgart, 1891*

*Zeichnungen von Poma de Ayala aus dem Schriftwerk »Los Mezes i Años«, 1584–1614*

# KARTOFFEL-

**U**nauffällig ist die Knolle, sie prunkt nicht wie andere Gemüse mit kräftigen Farben und starken Aromen. Immer zu kaufen und einfach zu kochen – ein Grundnahrungsmittel eben. Aber die Kartoffel ist eine heimliche Diva, in ihrem langen Leben hat sie im Ansehen der Menschen die unterschiedlichsten Rollen gespielt – Naturgöttin und Teufelswerk, Wundermedizin und Verderbnis, Überlebenshilfe und Aphrodisiakum. Jahrelang als vermeintliche Dickmacherin gemieden, hat sie heute schließlich glanzvolle Auftritte als kalorienarmes Kraftpaket und gesunde Genußkugel. Der Beginn der wechselvollen Kartoffelkarriere liegt in den Andenhochländern Peru, Bolivien, Ecuador und Chile. Hier wächst seit Urzeiten die Kartoffel – Spuren davon hat man in 8000 Jahre alten Grabbeigaben in Peru gefunden.

Neben Mais war die Kartoffel die Überlebensgrundlage der Ureinwohner. Kartoffeln kann man bis in 3000 Meter Höhe anbauen, wo Mais nicht mehr gedeiht. Schon lange vor der Inkazeit haben die Quechua-Indios die Knollen nicht nur verzehrt, sondern auch verehrt. Die Natur war ihnen heilig, die Kartoffel lebensspendende Göttin, der man huldigte, um sie bei Laune zu halten. Viele Kartoffel-Legenden gipfeln in der Vermutung, daß die Inkas bei Erntefesten sogar Menschenopfer gebracht haben... Verbürgt ist, daß sie Krüge und andere Kultgefäße in Kartoffelform herstellten, die den Toten mit ins Grab gegeben wurden.

Bevor die Europäer auszogen, sich Amerika und den Rest der Welt als Kolonien einzuverleiben, galt der riesige Inkastaat bei seinen Nachbarländern als unbesiegbar. Die Inkas wußten schon, wie man für Hungerzeiten vorsorgt – gefriergetrocknete Kartoffeln sind ihre Erfindung! Man ließ die Knollen nachts zum Gefrieren draußen und taute sie am Tage in der glühenden Sonne wieder auf, so oft, bis ihnen das Wasser auf natürliche Weise entzogen war und getrocknete, praktisch unbegrenzt haltbare, eßbare »Steine« übrigblieben, die jederzeit eingeweicht werden konnten. Über diese steinharten Knollen haben die Spanier nicht schlecht gestaunt, als sie Südamerika entdeckten und eroberten. Der erste Bericht darüber stammt von dem Spanier Pedro de Cieza de Léon, der 1538 an einer Expedition durch das Andenhochland teilnahm: »Da es dort kalt ist, wächst kein Mais und keine Art Baum. Die Hauptnahrung der Bewohner sind Papas. Sie trocknen sie an der Sonne und bewahren sie von einer Ernte zur ande-

*Von* links nach rechts:
*Aus*legen der Saatkartoffeln
*Jäten* der Felder
*Ernten*
*Füllen* der Vorratsspeicher

# GESCHICHTE

ren auf, sie heißen dann Chuño. Durch Kochen werden sie weich wie eine Kastanie, sie haben eine Haut, nicht dicker als Trüffeln.« Vermutlich noch im gleichen Jahr notierte sein Waffengefährte Juan de Castellanos, daß er in dem Dorf Sorocata im Magdalenenstromgebiet (heute Kolumbien) in den verlassenen Häusern »Mais, Bohnen und Trüffeln« fand. Die vermeintlichen Trüffeln schmeckten ihm anscheinend gut, er schildert sie so: »Sie haben mehlige Wurzeln, sind von gutem Geschmack, ein für die Indianer sehr angenehmes Gut und ein köstliches Gericht, sogar für Spanier.«

Jetzt dauert es nicht mehr lang, bis die Kartoffel als Mitbringsel in der Heimat der spanischen Konquistadoren landet. Eines der ersten Kartoffelpräsente ging 1565, wie es sich für brave Untertanen gehört, an König Phillip II. Vielleicht stand auf einer Art Beipackzettel, welche wundersamen Heilkräfte die Indios den Kartoffeln zuschrieben: Sie legten rohe Kartoffelscheiben auf Knochenbrüche, rieben sich die Stirn mit rohen Kartoffeln gegen Kopfschmerzen ein, trugen eine Knolle in der Tasche, um sich gegen Rheuma zu schützen und aßen sie gegen Verdauungsstörungen. Phillip jedenfalls schickte die neuen Früchte weiter an Papst Pius V. zu dessen gesundheitlicher Stärkung. Der Papst in seiner Güte gab einem ebenfalls kränkelnden Kardinal in den Niederlanden ein paar Knollen ab und dieser teilte sein Geschenk mit dem Präfekten von Mons. Dieser muß sie in seinem Garten weitervermehrt haben, um eine Probe an den damals berühmten Botaniker Charles d'Ecluse (er nannte sich neumodisch-lateinisiert Carolus Clusius) weiterzureichen. Clusius war seit 1573 Vorsteher aller Gärten von Kaiser Rudolf II. und betreute außerdem die diversen Lustparks des Landgrafen Wilhelm IV. von Hessen. Zum Entzücken seiner hochgestellten Arbeitgeber schmückte er die Rabatten mit der seltenen Pflanze Kartoffel, deren rosa, weiße, blaue und lila Blüten lieblich dufteten. Stolz schickten sie Ableger an ihre Verwandten und Bekannten. So schrieb Landgraf Wilhelm an den Kurfürsten Christian I. von Sachsen: »Wir überschicken Euer Liebden unter anderem ein Gewächs, so wir vor wenigen Jahren aus Italien bekommen und Taratouphli genannt wird. Dasselbe wächst in der Erde und hat schöne Blüten, guten Geruch und unten an den Wurzeln hat es viele tubera hängen; dieselben, wenn sie gekocht werden, sind anmutig zu essen. Man muß sie erstlich in Wasser aufsieden, so geht die oberste Schale ab, danach tut man die Brühe davon und siedet sie in Butter vollends auf.«

*»Kartoffel schälendes Mädchen«
des Schweizer Malers
Albert Anker
(1831–1910)*

**M**an wußte also, daß die Kartoffel eßbar ist. Trotzdem findet sie sich um die Wende zum 17. Jahrhundert vor allem als exotische Zier- und Heilpflanze in den Anlagen weltlicher und geistlicher Fürsten, in medizinischen Gärten von Gelehrtenschulen und Universitäten und wahrscheinlich auch in Küchengärten von Klöstern oder reichen Patrizierfamilien. In botanischen Katalogen wird die Kartoffel unter den Garten- und Arzneipflanzen aufgeführt.

Ärzte, Botaniker und Fürsten reichen sie einander als große Kostbarkeit weiter, nicht zuletzt, weil man ihnen geheimnisvolle Kräfte zuschreibt, schamhaft »Stärkung der ehelichen Wercken« genannt.

Es werden zwar auch Rezepte in mancher vornehmen Küche ausprobiert, aber ohne großen Erfolg. Der Kartoffelgeschmack ist zu sanft und zurückhaltend, um gegen die jetzt aus aller Welt mitgebrachten neue Gewürze und Genußmittel konkurrieren zu können.

Systematischer Kartoffelanbau auf großen Feldern setzte in den meisten Teilen Europas erst später ein. Spanien machte den Anfang: Vom Hospital von Sevilla existieren Rechnungen über seit 1573 regelmäßig gelieferte Kartoffeln aus heimischer Ernte. Die Besatzungen der zahlreichen Kolonialschiffe, die Südamerika ansteuerten, waren längst mit Kartoffelkost vertraut. Ziemlich schnell hatten die Spanier sich angewöhnt, den Inkas Kartoffeln für ihren Schiffsproviant abzupressen, wobei sie nach kurzer Zeit beglückt feststellten, daß die gefürchtete Seefahrerkrankheit Skorbut bei kartoffelverpflegten Mannschaften ausblieb.

Einen eigenen Weg nahm die Kartoffel nach Großbritannien. Die englische Geschichtsschreibung dichtete die Entdeckung lange Zeit ihrem vielbewunderten Weltumsegeler und Abenteurer Sir Francis Drake an. Es ist da immer von einem Festmahl am 4. April 1581 die Rede, bei dem Drake der Königin Elizabeth I. Kartoffeln serviert habe, mitgebracht von seiner Reise rund um den Globus. Auf der noch erhaltenen Menükarte stehen jedoch Süßkartoffeln (Bataten).

Die »echte« Kartoffel hatte der britische Geograph Thomas Heriot im Gepäck. Er kehrte 1586 von einer Forschungsreise zur ersten englischen Niederlassung in Nordamerika, von den Engländern »Virginia« benannt, auf einem Schiff von Drake zurück. Drake hatte in der Karibik einige spanische Schiffe gekapert und sich anschließend sechs Wochen in Cartagena aufgehalten, um die Beute zu sichten und umzuladen. Mit großer Wahrscheinlichkeit war Kartoffelproviant dabei, den Heriot an Bord kennengelernt hat. Da er gleichzeitig Pflanzensammlungen aus Virginia importierte, entstand die irrige Meinung, die Kartoffeln stammten aus Virginia und Drake sei ihr Entdecker. In dem großen englischen Pflanzenbuch »Herbal or General History of Plants« wird die Kartoffel denn auch als »Potatoe of Virginia« aufgeführt. Weil die Menschen gern an große Namen und gute Geschichten glauben, wurden Drake viele literarische und einige steinerne Denkmäler als Entdecker der Kartoffel gesetzt. Eines davon stand lange in Offenburg in Baden – bis die Nazis es schleiften, weil sie keinen ausländischen Feind auf dem Podeste duldeten!

An der Verbreitung der Kartoffel hat Drake aber durchaus auch seinen Anteil. Als sein Chef, Sir Walter Raleigh, sich auf einem Landsitz in Irland zu Ruhe setzte, soll Drake ihm einen Sack Saatkartoffeln geschenkt haben. Dieser Sack könnte zur Grundlage des irischen Volksnahrungsmittels Kartoffel geworden sein. – Wer's nicht glaubt, mag einer anderen Legende folgen:
Beim Untergang der spanischen Armada strandeten viele Schiffwracks an der irischen Küste. Bei den Plünderungen müssen die irischen Bauern auch die Kartoffeln gefunden haben... Obwohl sie bereits in heimischen Edelgärten blühte, als Speise fürs einfache Volk kam die Kartoffel auf anderen Wegen nach Deutschland. Deutsche Kriegssöldner kämpften 1668 in Irland gegen den Stuartkönig Jakob II. in der »Glorious Revolution«. Dort wurden sie hauptsächlich mit irischen Kartoffeln versorgt. Andere deutsche Söldner, die im spanischen Erbfolgekrieg kämpften, machten in den Niederlanden Erfahrungen mit der Kartoffelzucht. Glaubensflüchtlinge aus Spanien und den Niederlanden können sie mitgebracht haben. Deutsche Klöster begannen, die Armen mit Kartoffeln zu verköstigen. Aus allen Gegenden Deutschlands sind frühe Zeugnisse über den Anbau im späten 17. Jahrhundert bekannt. Freilich, durchsetzen konnte sich die Knolle zunächst noch nicht. Vorurteile und Aberglauben verhinderten vorerst eine weite Verbreitung. Bauern probierten die Kartoffeln auf ihre Weise: Sie warfen sie den Hunden vor. Als diese die Nahrung verweigerten, schienen sie für die Menschen erst recht nicht eßbar. Weil die Kartoffel zu den Nachtschattengewächsen gehört, schrieb man ihr teuflische Kräfte zu: Sie enthalte narkotische Stoffe, sei giftig, Krankheiten wie Gicht, Bleichsucht, Hautausschläge, Rheumatismus rührten von ihr her. Was immer die Gelehrten sich an Gutem über die Bodenfrucht mitteilten, bis zum Volke drang es nicht durch. Höchstens das Gerücht, daß häufiger Kartoffelgenuß mit besonderer sexueller Erregung verbunden sei. Und für die Moral der Armen taugte das schließlich nicht.
Es mußten erst Getreidemißernten und die großen Brotteuerungen von 1743 und 1754/55 kommen, um die Bauern in Scharen zu bekehren. Friedrich der Große befahl seinen Untertanen in den Ostprovinzen und Schlesien den Anbau und drohte bei Verweigerung mit empfindlichen Strafen. Er brauchte satte, zufriedene Untertanen und gleichzeitig kräftige, kampfbereite Soldaten, zum Beispiel für den Siebenjährigen Krieg, in dem die preußische Armee Österreich, Rußland, Schweden und Frankreich zum Feind hatte.

Gleich zu Beginn dieses Krieges geriet übrigens ein Franzose in preußische Gefangenschaft, der die dort kennengelernte Kartoffel in seiner Heimat populär machte – der damals zwanzigjährige Heeresapotheker Antoine Auguste Parmentier. In Frankreich war die Kartoffel bisher vor allem als Zierde beliebt: Porzellanmanufakturen mußten ganze Service mit Kartoffelblüten-Dekor für das vorrevolutionäre Versailles bemalen. Marie Antoinette ließ sie sich auf Roben sticken und in ihre kunstvolle Haarpracht stecken. Parmentier jedoch machte Publicity für die Kartoffel als Ersatz für das immer teurer werdende Brot. Er gewann damit einen Wettbewerb der Akademie der Wissenschaften zur Linderung der Hungersnot. Zum freiwilligen Anbau brachte er die Bauern allerdings nur mit einem Trick: In der Nähe von Paris ließ er Kartoffelfelder anlegen und von Soldaten streng bewachen, allerdings nur tagsüber. Seine Spekulation ging auf. Die Bauern, neugierig, was denn da so Kostbares wächst, stibitzten sich nachts die Pflanzen. Parmentier war ein Feinschmecker und hat viele Kartoffelrezepte erfunden – die berühmtesten sind als »Potage Parmentier«, eine feine legierte Kartoffelsuppe, und »Pommes Parmentier«, gewürfelte Bratkartoffeln mit Schnittlauch, bekannt.
Die Franzosen haben auch in der Zeit nach Parmentier nie aufgehört, aus Kartoffeln feine Gerichte zuzubereiten. Deshalb genoß sie hier auch nie – anders als in Deutschland – den Ruf einer Speise für Arme. Wirklich durchgesetzt als Volksnahrungsmittel hat sich die Kartoffel wohl erst um die Wende zum 19. Jahrhundert. Da tauchten schlagartig von überall her Abhandlungen zum Anbau, zur Lagerung und

über Sorten auf, ebenso wie Rezepte zur Herstellung von Mehl, Klößen, Pudding, Torten, Leim, Seife, Bier und Wein aus Kartoffeln. Es wurde sogar vorgeschlagen, Kraut und Schalen weiterzuverwenden, zum Beispiel für die Papierherstellung. Besonders schnellen Anklang fand das Schnapsbrennen. Konnte man doch damit die leicht verderblichen Kartoffeln an Ort und Stelle in ein haltbares, gut verkäufliches Konzentrat umwandeln!
So wurde im 19. Jahrhundert der Kartoffelanbau immer weiter ausgedehnt und der Anbau anderer Feldfrüchte immer weiter eingeschränkt. Das hatte schließlich eine katastrophale Folge: Mehrmalige Kartoffelmißernten in den frühen 40er Jahren führten zu einer Hungersnot in vielen Regionen Mitteleuropas; allein in Irland, wo der Kartoffelanbau besonders intensiv war, starben Hunderttausende. Bei den Überlebenden setzte eine große Auswanderungswelle, hauptsächlich nach Nordamerika, ein. Wahrscheinlich haben die Iren sogleich für die Verbreitung der Kartoffel in der neuen Welt gesorgt. Jedenfalls wurde die ursprünglich südamerikanische Knolle dort bald »Irish Potatoe« genannt.
Mit der industriellen Revolution erlebte der Kartoffelanbau im Laufe des 19. Jahrhunderts eine Umwälzung. Landwirtschaftliche Maschinen wurden entwickelt, die den Kartoffelertrag enorm steigerten. Dadurch konnten die Arbeitskräfte eingespart werden, die als Industriearbeiter in die großen Städte abwanderten. Das neue Industrieproletariat brauchte Nahrungsmittel. Mit der gerade eingeführten Eisenbahn gelangten die Kartoffeln schnell in die Ballungszentren – jetzt aß man wirklich überall Kartoffeln. Hatte das städtische Bürgertum bis zum Anfang des 19. Jahrhunderts die Kartoffel noch als Arme-Leute-Speise abgelehnt, aßen nun Stadt- und Landbevölkerung gleichermaßen Kartoffeln, Kartoffeln, Kartoffeln. Eine Langfrist-Statistik besagt, daß um 1850 pro Kopf und Jahr in Preußen durchschnittlich 120 Kilo Kartoffeln gegessen wurden. Im Jahr 1900 waren es bereits 286 Kilo, die Steigerung betrug also 150 Prozent! Jetzt wurde man in den Küchen kreativ. Das »Universal-Lexikon der Kochkunst«, 1880 in Leipzig herausgegeben, enthielt bereits 150 Kochrezepte mit Kartoffeln. Auch das Angebot der Kartoffelzüchter wurde immer vielfältiger. Auf der großen Altenburger Kartoffelausstellung von 1875 sollen sage und schreibe 2644 Kartoffelsorten ausgestellt worden sein! (Heute kommt man in der Bundesrepublik mit 130 Sorten aus.) Der Erste und dann der Zweite Weltkrieg rückten die Kartoffel noch einmal in eine zwiespältige Sonderrolle. Alle hungerten, doch wenn bei den Bauern noch was zu holen war, dann Kartoffeln. Städter auf Hamstertouren tauschten leichten Herzens ihr ganzes Silber gegen einen Sack Kartoffeln ein. Als es endlich bergauf ging und man sich wieder satt essen konnte, sollte es von allem viel sein – nur nicht mehr von der Kartoffel! Kartoffeln machen dick, hieß es auch noch, als die Deutschen längst Fleisch und Soße in Mengen verspeisten und die Kartoffel zur Beilage verkümmerte.
Ein Glück für die dolle Knolle, daß die Freßwelle Ende der siebziger Jahre von der Gesundheitswelle überholt wurde. Entdeckte man doch jetzt die wahren Qualitäten der Kartoffel: Viel mehr Vitamine und Mineralien und viel weniger Kalorien als man bisher glaubte!
Gründe genug, wieder mehr mit dem lange vernachlässigten Gemüse zu experimentieren. Die Köche der Spitzenrestaurants gehen voran. Sie komponieren immer raffiniertere Beilagen aus Kartoffeln und oft stehen auch erdäpfelige Hauptgerichte auf der Karte. In vielen Großstädten eröffnen Restaurants eigens für Kartoffelspezialitäten. Auf großen Gemüsemärkten und in guten Feinkostläden kann man Knollen von unterschiedlicher Herkunft und mit deutlich erkennbaren Geschmacksnuancen kaufen. Kenner können sogar ihre Kartoffelsorte am Geschmack unterscheiden und beim Namen nennen. Allen Feinschmeckern, die das Comeback der Kartoffel feiern, ist dieses Buch gewidmet.

# ANBAU & ZUCHT

**K**artoffeln gedeihen fast überall auf der Welt – von Grönland bis Ägypten, vom Polarkreis bis zu den Tropen. Eine anspruchslose Feldfrucht also? Nur, was den Boden betrifft. Denn pflegeleicht ist sie keineswegs. Sie will zunächst flach in den Acker gelegt, dann mit einem lockeren Damm bedeckt – angehäufelt – werden. Sie mag Dünger und mäßige Feuchtigkeit, verübelt Stauwasser, braucht aber Wasser zur Blütezeit. Unkraut in ihren Reihen stört sie sehr. Die Hacke war früher ein Fronwerkzeug für viele Bauern, wenn die ganze Familie, inklusive Kinder, zwischen den Kartoffelreihen buckelte. Heute braucht der Bauer mehr technischen Sachverstand als körperliche Fitneß, um den Maschinenpark zum Kartoffelanbau zu steuern und zu warten. So eine »Greifradlegemaschine mit Fehlstellenausgleich« zum Beispiel legt bis zu 600 Knollen pro Minute unter die Erde. Aus jeder einzelnen Saatkartoffel wachsen je nach Sorte und Pflanzenabstand bis zu 25 neue Knollen. Die Kartoffelzucht ist inzwischen eine Wissenschaft für sich. Weil die Qualität der Kartoffeln abnimmt, wenn Jahr für Jahr die gleiche Sorte gepflanzt wird, müssen die Sorten immer neu gekreuzt oder ganz ausgewechselt werden. Spezialisierte Betriebe zur Pflanzgutvermehrung stellen laufend neues Saatgut her.

Bei den Neuzüchtungen geht es nicht nur um gut schmeckende Kartoffeln, sondern auch um feste Schalen, gleichmäßige Knollen, Resistenz gegen Krankheiten. Mehr Ertrag in immer kürzerer Zeit ist für viele Züchter das oberste Ziel. Entwicklungsexperten wünschen sich klimaangepaßte Sorten für die Länder der dritten Welt. Die Ernährungsindustrie sucht nach Kartoffeln mit hohem Stärkeanteil, die sich gut trocknen oder einfrieren und dann einfach weiterverarbeiten lassen. Zehn Jahre dauert es, bis eine neue Sorte reif für den Handel ist. Bei der Züchtung wird der Blütenstaub von zwei Kartoffelpflanzen mit den gewünschten Eigenschaften gekreuzt. Ist die

Bestäubung erfolgreich, wächst eine neue Kartoffelpflanze heran. Die Samen ihrer grünen Beeren werden in ein spezielles Aussaatbeet gestreut, um kräftige Sämlinge zu erhalten. Die deutschen Pflanzgutvermehrungsbetriebe ziehen jährlich etwa eine Million Kartoffelsämlinge, von denen nach einem Jahr noch etwa 40000 und nach sechs bis sieben Jahren weiterer Auslese ganze 40 Neuzüchtungen übrig bleiben. Für die Zulassung als neue Sorten müssen sie weitere, etwa drei Jahre dauernde Leistungsprüfungen beim Bundessortenamt über sich ergehen lassen. (Mehrfaches Probeessen durch staatliche Prüfer gehört auch dazu.) Nach dem amtlichen TÜV-Test für Kartoffeln ist es schließlich so weit – acht bis zehn neue Züchtungen kommen jährlich auf den Markt. Insgesamt sind zur Zeit etwa 130 Sorten zugelassen, davon zwei Drittel Speisekartoffeln und ein Drittel Kartoffeln zur Weiterverarbeitung. Die Zahl bleibt konstant, weil gleichzeitig mit den hinzukommenden Sorten überalterte oder geschwächte Sorten aufgegeben werden.

Originelle Knollen, krumme, lange, übergroße haben bei dieser Auslese keine Chance. Bei den offiziellen Qualitätsprüfungen gelten sie als »Mißbildungen«. Nur in Lokalzeitungen sieht man gelegentlich noch Fotos von Riesenkartoffeln mit ihren stolzen Privatzüchtern. In letzter Zeit machen sich die Genforscher verstärkt an die Kartoffel heran. Sie versuchen Kartoffelzucht »von innen«, genauer gesagt an der Erbsubstanz DNA im Kern der Pflanzenzelle.
Durch Isolierung und Übertragung von Genen haben sie zum Beispiel schon erreicht, daß die Knollen nicht mehr anfällig sind gegen bestimmte Schädlinge, die bisher mit chemischen Mitteln von den Kartoffeln ferngehalten werden mußten. Zur Zeit arbeiten sie an der Erschaffung der Super-Knolle: Durch Genmanipulation soll der Anteil an hochwertigem Eiweiß in der Kartoffel vervielfacht werden.

# ERNTE

»**D**ie cleversten Bauern ernten die gleichmäßigsten Kartoffeln.« In dieser Umkehrung macht das alte Sprichwort wieder Sinn. Denn dick sollen die Kartoffeln nicht mehr unbedingt sein, sondern schön oval, eine wie die andere, gesund und glattschalig und ohne dunkle Stellen. Da muß der Bauer sich schon schlau gemacht haben, um auf seinem Boden die richtigen Kartoffeln anzupflanzen! Es ist noch nicht lange her, daß auf einem Feld die Kartoffelblüten bunt durcheinanderprangten, weil das Saatgut gemischt war. Inzwischen ist es ein Alarmzeichen für den Landwirt, wenn er »Fehlfarben« auf dem Kartoffeldamm leuchten sieht. Um das zu vermeiden, kaufen die großen Kartoffelbauern jährlich neues Pflanzgut. Auch sonst wird heute kaum noch etwas dem Zufall überlassen. Das Pflanzgut wird vorgekeimt, gegen die Blattlaus wird prophylaktisch vorgegangen. Der früher so gefürchtete Kartoffelkäfer ist mit Hilfe von Chemie außer Gefecht gesetzt. Doch die Natur kommt dem Kartoffelbauern noch manches Jahr in die Quere. Nachtfröste zur Unzeit und regnerische Sommer beeinträchtigen die Qualität seiner Kartoffeln. Die gleiche Sorte, vom gleichen Felde, kann von einem Jahr zum anderen in Konsistenz, Geschmack und Haltbarkeit verändert sein.

Die Ernte selbst hat der neuzeitliche Bauer voll im Griff. Eine einzige Maschine macht alles: der Sammelroder oder Rodetrennlader mit aufnehmendem Siebband, Rütteleinrichtung und einem Hubrad, das die Knollen vom Krauttrennrad hebt und über ein Verleseband rollt. (Nur Eingeweihte werden wissen, was das genau bedeutet!) Sortierer(innen) entfernen Steine und Erdklumpen auf der Fahrt zum Sammelbunker, von wo aus die erntefrischen Kartoffeln gleich weitertransportiert werden. Das ist keine Atmosphäre mehr für ein romantisches Kartoffelfeuer. Junge Leute kennen es höchstens vom Lesen, wenn sie Spaß an verkitschter Poesie haben:

»Du wirbelnder Rauch der
Kartoffelfeuer,
Erinnerer an alte, verflossene
Zeit,
Wie ist mir dein herber Geruch
doch so teuer,
Du bleibst mir als Jugend-
erinnerung geweiht.«
(Hermann Löns)

Dem Kartoffelgenießer bringt die durchrationalisierte Ernte lauter Vorteile, weil kaum noch eine Kartoffel beim Ausgraben beschädigt wird und weil beim schnellen Abtransport wenig Nährstoffe der lichtempfindlichen Frucht verlorengehen. Die Nahrungsmittelindustrie machte sich diese Vorteile in besonderem Maße zunutze. Da sie die »Rohware« Kartoffel frisch vom Feld weiterverarbeiten oder unter optimalen Bedingungen lagern kann, bleiben bei schonenden Produktionsmethoden die meisten wertvollen Inhaltsstoffe erhalten.

Bei zu Hause eingelagerten Kartoffeln muß man schon einige Abstriche machen, auch was den Geschmack angeht. Aber nicht zuletzt deshalb freut man sich ja im Frühjahr so auf die neuen Kartoffeln!
Sieben Millionen Tonnen werden in der Bundesrepublik jährlich auf 200 000 Hektar geerntet. Ein Viertel davon kommt ohne Weiterverarbeitung in den Handel und in den privaten Kochtopf. Ein Drittel der Ernte wird heute bereits zu Kartoffelprodukten »veredelt«, wie es in der Fachsprache heißt. Beides zusammengerechnet, ißt der Bundesbürger pro Jahr 72 Kilo Kartoffeln. Sind wir damit Weltmeister? Nein, in der EG-Statistik rangiert der Pro-Kopf-Verbrauch der Bundesrepublik inzwischen an dritter Stelle vor Dänemark und Italien. In allen anderen EG-Ländern werden mehr Kartoffeln verspeist, vornweg Irland mit 140 Kilo, gefolgt von Großbritannien, Spanien und – in abnehmender Reihenfolge – den übrigen EG-Ländern.

# KARTOFFEL-SORTEN

# KARTOFFEL-

Von den über 130 Kartoffelsorten, die in Deutschland angebaut werden, sind – je nach Region – zwischen 5 und 35 Sorten im Einzelhandel zu kaufen. Alles andere sind Pflanz- und Fabrikkartoffeln (also speziell für die Weiterverarbeitung gezüchtet). Speisekartoffeln werden in drei Kocheigenschaften unterschieden:

*zum Foto auf Seite 22/23*

| Reifezeit | sehr früh | | | früh | mittelfrüh | |
|---|---|---|---|---|---|---|
| Name | Christa | Gloria | Hela | Sieglinde | Clivia | Granola |
| Kochtyp | vorwiegend festkochend | vorwiegend festkochend | vorwiegend festkochend | festkochend | vorwiegend festkochend | vorwiegend festkkochend |
| Fleischfarbe | gelb | gelb | gelb | gelb | gelb bis tiefgelb | gelb |
| Form | langoval bis lang | langoval bis lang | langoval bis lang | langoval bis lang | rundoval bis lang-oval | rundoval bis lang-oval |
| Augentiefe | flach | flach bis mitteltief | flach | flach bis mitteltief | flach | flach bis mitteltief |
| Schale | genetzt | glatt | genetzt | glatt | genetzt | rauh |
| Geschmack | ausdrucksvoll, mild | angenehm kräftig | angenehm kräftig | ausdrucksvoll, sehr fein | angenehm kräftig | angenehm kräftig bis mild |
| im Lebensmittelhandel | Juni bis Oktober | Juni bis Oktober | Juli bis März | Juli bis März | August bis Mai | August bis Mai |

## Festkochend/Salatware
1. Bamberger Hörnchen
2. Grenaille, Frankreich
3. Hansa, Deutschland
4. französische Hörnchen
5. Nicola
6. Primura, Italien
7. Roserol, Frankreich
8. Sieglinde

## Vorwiegend festkochend
9. Carola
10. Desireé, Deutschland
11. Granola
12. Primura, Deutschland
13. Rosen-Desireè
14. Spunta, Cypern, neue Ernte
15. Quarta
16. Grata

## Mehligkochend
17. Aula
18. Bintje, Holland
19. Maja
20. Spunta, Deutschland
21. Prinzess, Holland
22. Süßkartoffel, Brasilien

*Festkochend:*
vor allem für Kartoffelsalat, Schmor-, Pell- und Bratkartoffeln.

*Vorwiegend festkochend:*
vor allem für Salz-, Pell-, Brat- und Grillkartoffeln.

*Mehligkochend:*
vor allem für Kartoffelpüree, Klöße, Salzkartoffeln, Pommes frites, Eintöpfe und Suppen.

Die deutsche Landwirtschaft produziert Kartoffeln erster Qualität unter der Marke Ackergold. Auf der Verpackung werden die Kocheigenschaften mit einem farbigen Streifen hervorgehoben:

Grüner Streifen: festkochend
Roter Streifen: vorwiegend festkochend
Blauer Streifen: mehligkochend

Speisekartoffeln unterscheidet man unter anderem nach ihrer Reifezeit. Der Zeitpunkt der Ernte bestimmt die Verwendung und Lagerfähigkeit. Je länger die Knollen in der Erde bleiben, desto fester wird die Schale, die sie haltbar macht. Und desto höher ist ihr Stärkegehalt, der sie mehlig macht. Eine besondere Delikatesse sind *Frühkartoffeln*. Die ersten kommen ab März aus Malta, Nordafrika, Sizilien und Griechenland. Zum Aufbewahren sind die Frühkartoffeln wegen ihrer dünnen Schale nicht geeignet, man sollte sie ganz frisch – mit oder ohne Schale – genießen.
Ab Anfang Juni kommen die deutschen *sehr frühen Sorten* und ab Mitte Juni die *frühen Sorten* auf den Markt. Sie sollten spätestens innerhalb von zwei Wochen gegessen werden.
Im August und September werden die *mittelfrühen Sorten* geerntet. Ihre Schale ist schon kräftiger, sie können acht bis zwölf Wochen aufbewahrt werden. Für eine längere Lagerung eignen sich erst die *mittelspäten bis späten Sorten*, die von Mitte

# SORTEN

| mittelfrüh | | | | | mittelspät bis sehr spät | |
|---|---|---|---|---|---|---|
| Grata | Hansa | Irmgard | Nicola | Roxy | Aula | Datura |
| vorwiegend festkochend | festkochend | mehligkochend | festkochend | vorwiegend festkochend | mehligkochend | mehligkochend |
| gelb bis tiefgelb | gelb | gelb | gelb | gelb | gelb bis tiefgelb | gelb |
| rund bis rundoval | langoval bis lang | rund bis rundoval | langoval bis lang | rundoval bis langoval | rundoval bis langoval | rundoval bis oval |
| mittel | flach | flach bis mitteltief | flach | flach | flach | mittel |
| rauh | glatt | genetzt | glatt | genetzt | rauh | genetzt |
| angenehm kräftig | ausdrucksvoll, sehr fein | angenehm kräftig | ausdrucksvoll, sehr fein | angenehm kräftig | ausdrucksvoll, kräftig | angenehm kräftig bis mild |
| August bis Mai | August bis Juni | August bis März | August bis Mai | August bis Mai | September bis Mai | September bis Mai |

September bis Oktober reifen. Es gibt sie in allen drei Kocheigenschaften.
Jahrelang meinte man, das Wichtigste neben Reifezeit und Kocheigenschaften sei ein gleichmäßiges, sauberes Äußeres und eine gelbe Fleischfarbe. Nur danach, nicht nach Geschmack, hat das Bundessortenamt die Handelsklassen eingeteilt. Mit »Handelsklasse Extra«, der besten Bewertung, kann demnach eine perfekt gestylte, aber vollkommen geschmacklose Kartoffel ausgezeichnet werden. Nur bei der Prüfung *neuer* Sorten (ebenfalls durch das Bundessortenamt) geht es auch nach Geschmack.

Man sollte sich also gleich den Namen merken, wenn eine bestimmte Kartoffelsorte besonders gut war.
Wie nebensächlich den Verbrauchern die von der deutschen Agrarwirtschaft so hochgehaltene Handelsklassen-Einteilung ist, zeigt eine neue Untersuchung, die vom Bundes-Landwirtschaftsministerium selbst in Auftrag gegeben wurde: Kartoffeln sollen vor allem einen guten Geschmack haben, sagen die Befragten zu 94 Prozent. Ob die Kartoffeln vorgewaschen, sortiert oder besonders handlich verpackt sind, interessiert nur noch weniger als die Hälfte der Käufer. In den letzten Jahren ist ein Trend zu den vorwiegend festkochenden Sorten festzustellen. Mehlige Kartoffeln werden seltener gekauft – vielleicht weil sie oft wenig oder gar keinen Eigengeschmack haben.
Auch in Bayern und Württemberg, wo früher die mehligen Sorten eindeutig bevorzugt wurden, nehmen die geschmacksintensiveren festen Sorten zu.
Man kann nur hoffen, daß die Kartoffelzüchter sich verstärkt um »geschmackvolle« mehlige Kartoffeln bemühen, damit sie nicht ganz vom Markt verschwinden. Für manche Gerichte sind sie einfach unentbehrlich. Man denke nur an ein frisches Kartoffelpüree mit einem Klecks Butter drauf... Nur wenn die Kunden auch bei den Kartoffeln sehr anspruchsvoll sind und für verschiedene Gerichte unterschiedliche Sorten verlangen, bringt man die Einzelhändler dazu, eine große Auswahl anzubieten. Wie vielfältig Kartoffeln sind, sieht man erst auf guten Wochenmärkten oder großen Dauermärkten wie zum Beispiel dem Münchner Viktualienmarkt. Da kann man Knöllchen finden, die jeder deutschen Qualitätsbestimmung spotten – zum Beispiel die winzigen Drillinge oder Hörnchen (auch Bamberger Hörndl genannt), länglich und krumm. Wenn sie gerade zu haben sind, zugreifen – sie schmecken intensiv und köstlich!

# LAGERUNG

Kartoffeln im eigenen Keller – jeder zweite stellt sich das schön vor. Aber nur 17 Prozent aller Haushalte kaufen tatsächlich Kartoffeln zum Einlagern, bei den anderen scheitert es vor allem am geeigneten Platz.
Ein Kartoffelvorrat lohnt sich auch nur, wenn man einen trockenen, dunklen Keller mit einer konstanten Temperatur zwischen 4 und 8 Grad hat. Egal, ob man beim Landwirt oder Einzelhandel kauft – wenn möglich, sollte man zuerst eine kleinere Menge mitnehmen und probeessen.
Sogar dieselbe Sorte kann bei anderen Wetterbedingungen als im Vorjahr ganz anders schmecken. (Auch die Lagerfähigkeit kann verändert sein – aber das merkt man erst sehr viel später.)
Für eine größere Vorratshaltung lohnt sich die Fahrt zum Bio-Bauern. Im Bioanbau wird meist mehr Wert auf gute Sorten als auf hohen Ertrag gelegt. Das kommt natürlich dem Geschmack und oft auch der Lagerfähigkeit zugute.
Für längere Lagerung ist die beste Qualität gerade gut genug. Verletzte Knollen gleich aussortieren, die einwandfreien Kartoffeln auf Lattenroste oder in Lattenkisten legen. Auf keinen Fall sollte man sie mit Obst, vor allem mit Äpfeln, zusammen lagern – ihr Aroma regt die Kartoffeln zum Keimen an.
Alle Sorten, die ab Mitte Oktober verkauft werden, halten sich bis zum nächsten Frühjahr. Aber ungefähr ab Jahreswechsel ist es mit der natürlichen Keimruhe vorbei – die Kartoffeln fangen an zu sprießen. Sie sind zwar dann noch eßbar (wenn man die Keime entfernt), aber sie verlieren an Nährwert. In den vollklimatisierten großen Kartoffellagern kann das Keimen um einige Monate hinausgezögert werden. Es empfiehlt sich deshalb, den Vorrat für den Privathaushalt nur bis zum Jahresende anzulegen und bis zur nächsten Kartoffelsaison kleinere Mengen nachzukaufen. Gefährlicher als Keime sind die grünen Stellen, die sich auf Kartoffeln bilden, wenn sie zuviel Tageslicht abbekommen haben. Dabei entsteht der giftige Stoff Solanin – er kann Übelkeit und, vor allem bei Kindern, Gesundheitsstörungen hervorrufen. Deshalb: grüne Stellen weiträumig herausschneiden. Und wie bewahrt man kleinere Kartoffelmengen am besten auf? Es heißt zwar, Kartoffeln haben im Kühlschrank nichts zu suchen. Wenn aber im Gemüsefach noch Platz ist, kann man sie dort gut für ein paar Wochen unterbringen, vorausgesetzt, die Temperatur ist auf kleiner Stufe eingestellt. Dort entwickeln sie jedenfalls weniger Keime als in der warmen Küche oder in einem geheizten Keller.
Nach dem Einkauf die abgepackten Kartoffeln bitte sofort aus dem Plastiksack herausnehmen und in eine Papiertüte oder in einen Stoffsack umfüllen. Wenn Kartoffeln nicht atmen können, schimmeln sie sehr schnell!

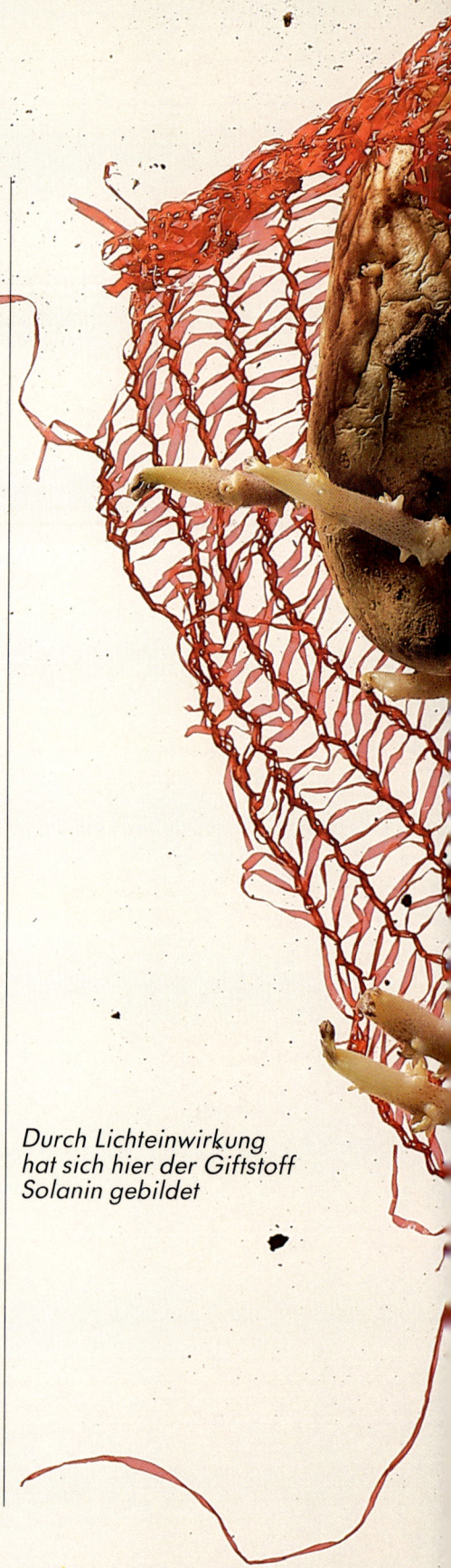

*Durch Lichteinwirkung hat sich hier der Giftstoff Solanin gebildet*

# ERNÄHRUNGS-WISSEN

Jede Knolle ist ein reines Kraftpaket, prall gefüllt mit Nährstoffen. Theoretisch könnte der Mensch allein von Kartoffeln leben. Nähme er gelegentlich noch ein Glas Milch oder ein Ei zu sich (tierisches Eiweiß), würde sein Körper keinen Mangel leiden. Da wir in der glücklichen Lage sind, uns viel abwechslungsreicher ernähren zu können, essen wir in der Mischung eher zu wenig Kartoffeln. Leider, sagen die Mediziner, und sie rechnen uns vor, was in der Erdfrucht alles an Gutem steckt:

**So gesund sind Kartoffeln:**

**Viele Vitamine**,
Vor allem Vitamin C, B1, B2, B3 und B6. Am wichtigsten ist das Vitamin C (Ascorbinsäure). Mit 400 Gramm Kartoffeln könnte der gesamte Tagesbedarf eines Erwachsenen gedeckt werden. Bei der Ernte enthält die Kartoffel am meisten Vitamine. Im Laufe der Lagerzeit nimmt der Vitamingehalt ab. Auch beim Kochen werden Vitamine ausgeschwemmt. Pellkartoffeln haben die geringsten Verluste (etwa ein Prozent), Salzkartoffeln die höchsten (acht bis 18 Prozent).

**Hochwertiges Eiweiß**
Beim Eiweiß kommt es nicht auf die Menge, sondern auf die Qualität an. Das Kartoffeleiweiß hat eine ideale Zusammensetzung aus essentiellen Aminosäuren. Weil der Körper am besten eine Mischung aus pflanzlichem und tierischem Eiweiß verwertet, ist vom gesundheitlichen Standpunkt die Mischung Kartoffeleiweiß mit Milch oder Ei am wertvollsten, wie zum Beispiel Kartoffelpüree mit Spiegelei oder Pellkartoffeln mit Quark oder Bratkartoffeln mit Rührei.

**Wichtige Mineralstoffe**
Kalium, Eisen, Magnesium, Phosphor. Der hohe Kaliumgehalt macht die Kartoffel zu einem basischen Nahrungsmittel, das säureüberschüssige Nahrungsmittel wie Fleisch und einige Gemüse gut ergänzt. Viele Menschen (Frauen noch häufiger als Männer) haben Eisen- und Magnesiummangel, vor allem wenn sie ziemlich viel Sport treiben. Wer regelmäßig Kartoffeln ißt, kann auf zusätzliche Eisen- oder Magnesium-Präparate verzichten.

**Wenig Kalorien**
Hundert Gramm Kartoffeln haben nur 68 Kalorien! Vor ein paar Jahren wurde die Zahl noch höher angegeben, aber inzwischen sind fast alle Speisekartoffelsorten in Richtung »schlank« gezüchtet worden, d.h. stärke- und damit kalorienärmer. Da sage noch einer, Kartoffeln machen dick!
Würde man den täglichen Bedarf von 2200 Kalorien nur mit Kartoffeln decken, müßte man über drei Kilo jeden Tag essen!

**Komplexe Kohlenhydrate**
Von den Kohlenhydraten, früher zu Unrecht als Dickmacher verschrien, weiß man heute, daß sie der wichtigste Energiespender für den Organismus sind. Zu den komplexen Kohlenhydraten gehören **Stärke** und **Ballaststoffe**. Die Kartoffelstärke (in gekochter Form) wird bei der Verdauung in Kohlenhydrate umgewandelt und in der Leber und in den Muskeln als Kraftreserve gespeichert. Die Ballaststoffe arbeiten im Körper als wichtiger Verdauungshelfer: Da sie enorm quellfähig sind, nehmen sie viel Wasser aus dem Körper auf. Die vergrößerte Nahrungsmenge regt den Darm zu kräftiger Bewegung an. Ballaststoffreiches Essen bleibt weniger als halb so lange im Körper wie ballaststoffarmes! Wichtig: Dadurch werden auch Schadstoffe schneller wieder aus dem Körper transportiert, Umweltgifte, aber auch die körpereigenen Gifte, Schlacken, Gallensäuren, etc.

**Kaum Fett**
Kartoffeln haben nur einen Fettanteil von 0,3 Prozent. Und diese verschwindend geringe Menge enthält auch noch »gute«, essentielle Fettsäuren.

## Kartoffeln als Medizin

Bei einer ganzen Reihe von Krankheiten empfehlen Ärzte eine spezielle Kartoffelernährung als Therapie.

### Diabetes:
Die meisten Diabetiker sind übergewichtig. Bei ihrer Ernährung muß der Körper beständig Kohlehydrate verwerten, dabei darf die aufgenommene Menge nie zu groß sein, damit es nicht zu erhöhter Blutzuckerkonzentration kommt. Mit Kartoffelkost können Diabetiker abnehmen, ohne schädliche Nebenwirkungen befürchten zu müssen.

### Niereninsuffizienz:
Bei dieser Krankheit ist das Ausscheidungsvermögen der Niere gestört. Um eine Dialyse entbehrlich zu machen, muß die Eiweißzufuhr genau angepaßt werden – es soll wenig, aber besonders hochwertiges Eiweiß gegessen werden. Die Kartoffel-Ei-Diät hat die höchste biologische Wertigkeit und ist deshalb für Nierenkranke von besonderer Bedeutung.

### Gicht:
Die »Wohlstandskrankheit« Gicht entsteht hauptsächlich durch zuviel Fleisch und tierisches Fett. Sie äußert sich unter anderem in einer Überproduktion von Harnsäure. Für die Behandlung ist vor allem eine purinarme (= harnsäurearme) Kost wichtig. Kartoffeln bilden extrem wenig Purine. Sie werden deshalb zum Hauptbestandteil der Gicht-Kost gemacht.

### Hypertonie:
Bei bestimmten Funktionsstörungen scheidet die Niere zu wenig Natrium aus. Dadurch kommt es zu erhöhtem Blutdruck (Hypertonie), woran in der Bundesrepublik viele Menschen leiden. Ein Auslöser für die Krankheit ist zuviel Kochsalz (Natrium) im Essen. Für die Behandlung wird eine extrem natriumarme Kost zusammengestellt.
Die Kartoffel gilt als Prototyp eines natriumarmen Nahrungsmittels. Hypertonikern wird deshalb gegebenenfalls von Ärzten eindringlich empfohlen, häufig »Kartoffeltage« einzulegen.

### Zöliakie:
Das ist eine bisher nicht heilbare Unverträglichkeit von jeder Art von Getreide. Wer daran leidet, kann als Grundlebensmittel auf Kartoffeln ausweichen, die ohne Einschränkung vertragen werden.

## Kartoffeln als Hausmittel

Es ist sicher nicht jedermanns Sache, gegen Rheuma eine rohe Kartoffel in der Tasche oder um den Hals zu tragen. Auch wenn es schon den Inkas geholfen haben soll. Hier ein paar andere bewährte Hausrezepte, die leichter zu befolgen sind:

### Gegen Durchfall
ungesalzenen Kartoffelbrei essen, der nur mit Wasser angerührt wird.

### Gegen Sodbrennen und Völlegefühl
morgens frisch gepreßten Saft von rohen Kartoffeln trinken. (Naturärzte behandeln damit sogar Magengeschwüre.)

### Gegen Bauchschmerzen und Halsentzündung
eine Kartoffelkompresse auflegen – heiße, ungeschälte Pellkartoffeln in einen Leinensack oder ein Küchenhandtuch füllen und grob zerquetschen.

## Empfehlenswert:

### Kartoffeldiät
Vor vielen Diätformen wird gewarnt, weil man dabei nicht nur wenig, sondern zu einseitig ißt. Bei der Kartoffeldiät besteht diese Gefahr nicht. Durch die vielen gesunden Inhaltsstoffe bekommt der Körper trotz reduzierter Verzehrmengen noch alles, was er braucht. Und hungern muß man auch nicht: Da Kartoffeln so wenig Kalorien haben, kann man sich bei einer 1000-Kalorien-Diät ziemlich sattessen. Nimmt man zum Beispiel eineinhalb Pfund Kartoffeln als Hauptnahrung zu sich, auf Mittag- und Abendessen verteilt, bleiben immer noch knapp 500 Kalorien übrig für Beilagen und fürs Frühstück. Günstige Nebenwirkung bei der Kartoffeldiät: Durch den hohen Kaliumgehalt der Kartoffel wird viel Wasser ausgeschwemmt.

**B**ei Kartoffeln lohnt es sich zu experimentieren. Wann immer Sie auf dem Markt, im Gemüseladen, beim Bauern eine neue Kartoffelsorte entdecken, greifen Sie zu und machen Sie zu Hause Ihren eigenen Geschmackstest.
Gerade bei Sorten, die nur regional angebaut werden, findet man oft einen ausgeprägt eigenständigen Geschmack. Bei deutschen Kartoffeln der Handelsklassen Extra und I erlebt man keine großen Überraschungen, auch keine negativen.
Sie werden so gründlich getestet, daß ihr Geschmack immer in etwa gleich bleibt. Anders verhält es sich bei ausländischen Sorten, wie zum Beispiel bei der weit verbreiteten holländischen Sorte Bintje. Sie wird nur nach der Handelsklasse (also nur nach dem Äußeren) eingestuft. Im Geschmack ist die importierte Bintje völlig neutral. Sie würde den Geschmackstest des Bundessortenamtes (der nur für neue deutsche Sorten gilt) nicht bestehen. Der größte Teil der holländischen Bintje wird zu Pommes frites weiterverarbeitet. Knollen, die dafür zu klein sind, kommen als Speisekartoffeln auf unseren Markt. Daneben gibt es aber auch eine Bintje aus deutschem Anbau. Sie ist etwas weniger glatt und gleichmäßig, dafür hat sie einen ausgeprägten Geschmack! Das kann am Klima, an humusreicherem Boden, aber auch an weniger Düngen und Spritzen liegen. Im holländischen Kartoffelanbau wird damit sehr großzügig umgegangen. Ausländische Kartoffeln dürfen auch bestrahlt werden, um das Keimen zu verhindern, eine fragwürdige Konservierungsmethode, denn sie tötet das Leben in der Pflanze ab. Das deutsche Lebensmittelrecht verbietet die Bestrahlung inländischer Erzeugnisse.
Kartoffeln, die lange in der Sonne liegen oder die im Geschäft direkt unter Neonlicht gestapelt sind, sollten Sie liegen lassen. Licht verursacht die grünen giftigen Solaninstellen. Auch Feuchtigkeit vertragen Kartoffeln nicht – also keine Ware akzeptieren, die vor dem Geschäft Regen abbekommen hat.
Die Plastikverpackung, in der Speisekartoffeln üblicherweise verkauft werden, ist keine glückliche Lösung. Bei Temperaturschwänkungen schwitzen die Kartoffel darin, sie werden muffig und schimmeln leicht. Nach dem Einkaufen unbedingt sofort in einen Papier- oder Stoffsack oder in einen Korb umfüllen!

# KÜCHEN-**HELFER**

*Hier und auf den folgenden Seiten finden Sie lauter nützliche Spezialgeräte, mit denen Sie Kartoffeln auf den Leib rücken können.*

Sparschäler — Tourniermesser — Gemüsemesser — Zubereitungsmesser

Kronenreibe

Röstireibe

Kartoffelscheiben-
schneider für
gekochte Kartoffeln

Kartoffelreibe,
für gekochte Kartoffeln

Omas Stampfer

Metallstampfer

Drahtkorb zum Grillen in der Asche

Kartoffelpresse

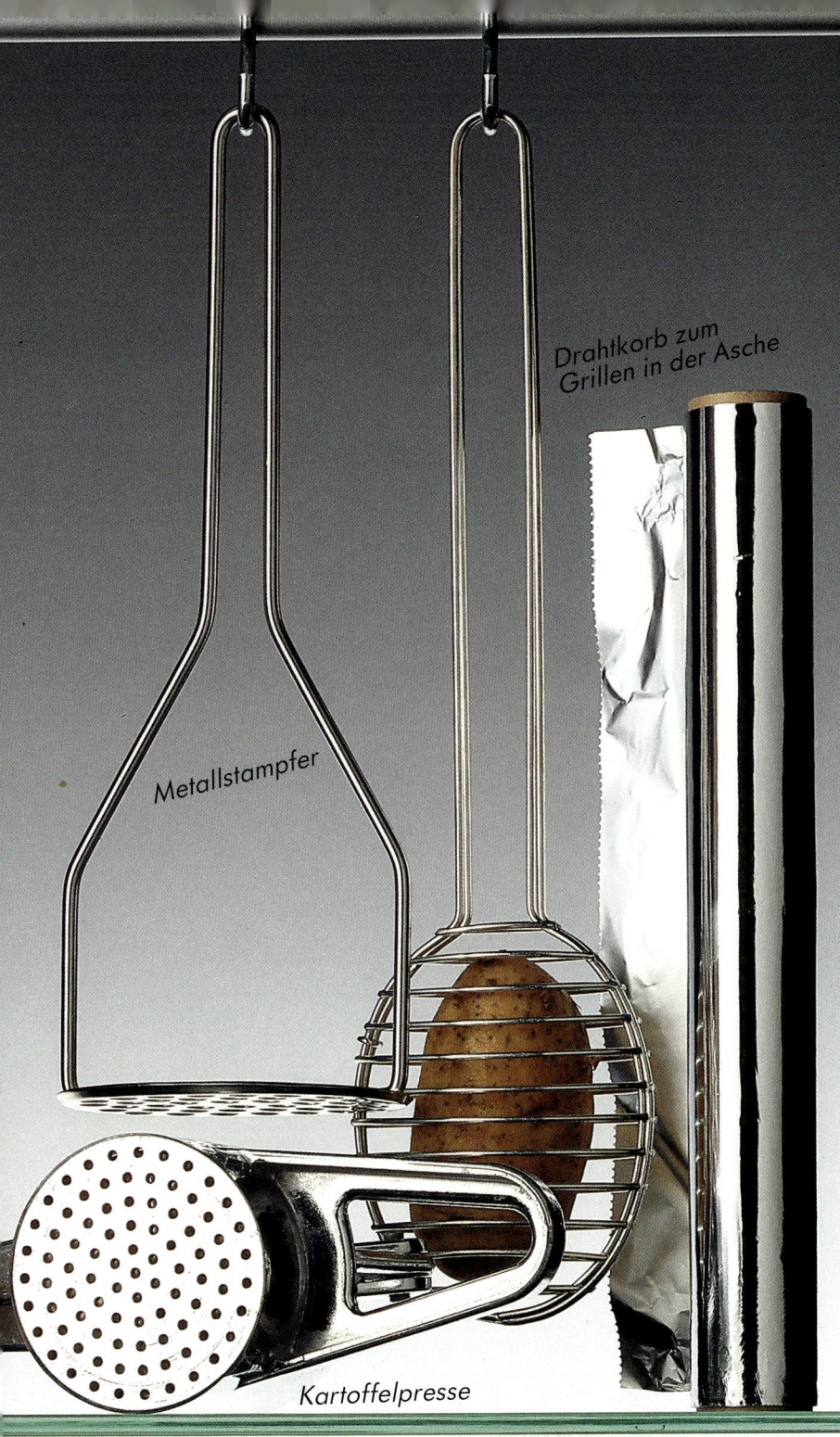

**K**ochen macht entschieden mehr Spaß – und kostet auch weniger Zeit –, wenn man für die Vorbereitungen das richtige Werkzeug zur Hand hat. Nicht zu vergessen der ästhetische Reiz: Schlichtes, chromblitzendes Küchengerät, aufgereiht an einer Stange, ist für viele der schönste Wandschmuck. Welche Anschaffungen sinnvoll sind, wird durch die eigenen Vorlieben bestimmt: Wer nie Püree aus frischen Kartoffeln zubereitet, braucht natürlich auch keinen Stampfer. Umgekehrt: Wer beim Kochen gerne experimentiert, kann dies auch mit Geräten tun. Nehmen Sie unser Beispiel auf Seite 35: Den Gemüseaushöhler aus Spanien und den bayerischen Radischneider haben wir an rohe Kartoffeln angesetzt. Dabei sind witzige Kartoffelspiralen herausgekommen, die, in Fett herausgebacken, den geradlinigen Pommes frites Konkurrenz machen!

RUND UMS

Schaumkelle

Fritierkelle

Schneebesen

Doppelsieb für Kartoffelnester

Pommes frites-Körbchen

# FRITIEREN

Friteuse

**W**enn Sie gerne Fettgebackenes essen, lohnt sich die Anschaffung einer Friteuse. Darin behält Fett konstant die nötige hohe Temperatur. Das spart Kalorien: Je heißer das Fett, umso kürzer ist der Fritiervorgang, und umso weniger Fett dringt in die fritierten Nahrungsmittel, wie zum Beispiel Pommes frites, ein.

Pommes frites-Schneider

37

# KRÄUTER &

# GEWÜRZE

# LEXIKON

Der sanfte Eigengeschmack von Kartoffeln verträgt kräftiges, geradezu verschwenderisches Würzen, auch mit deftigen Kräutern. Man sollte aber nicht zu viele mischen. Großzügig, aber einzeln verwendet, können Kräuter und Gewürze ihr Aroma erst richtig entfalten.

## Bohnenkraut
Wegen seines herb-pfeffrigen Geschmacks wird es auch Pfefferkraut genannt. In Aroma und Würzkraft ähnelt es dem Thymian. Am intensivsten duftet Bohnenkraut, wenn es gerade zu blühen anfängt. Dann wird es zum Trocknen geerntet. Bohnenkraut paßt in üppige Kartoffelsuppen und Eintöpfe.

## Cayennepfeffer
Rote Chilischoten werden dafür zermahlen. Nur kleine Portionen kaufen und bald verbrauchen, Cayennepfeffer verliert schnell seine Würzkraft! Für feurig-scharfe Kartoffelgerichte wie Kartoffel-Brot.

## Chilischoten
Frisch sind sie am würzigsten, getrocknet oft nur noch scharf. Außerdem gilt: Je kleiner die Schoten, desto schärfer sind sie. Kleingehackt oder im Mörser zerstoßen, können sie Bratkartoffeln zusätzlichen Pep geben.

## Dill
Das Kraut mit den filigranen Blättern kann man bei uns das ganze Jahr über frisch kaufen. Dill behält seinen typischen Eigengeschmack am besten, wenn er nicht oder nur kurz mitgekocht wird. Paßt zu feinen Kartoffelsalaten oder einfach über Salzkartoffeln gestreut. Schwedische Spezialität: Kartoffeln in Bechamel-Dill-Sauce zu Räucherlachs.

## Kapern
Die Blütenknospen eines Mittelmeerstrauches, die in Salz oder Essig eingelegt werden, um sie eßbar zu machen. Mit ihrem herben, bitterwürzigen Geschmack eignen sie sich für kräftige Kartoffelsalate. Klassisch ist nicht nur die Kapernsauce zu Königsberger Klopsen mit mehligen Kartoffeln, auch Salaten gibt ihr feinherber Geschmack eine ganz besondere Note.

## Kardamom
Getrockneter Samen einer Staude, die vorwiegend in Südostasien wächst. Das süßlich-harzige und leicht brennende Aroma bleibt gut erhalten, wenn man Kardamomsamen ganz kauft und bei Bedarf im Mörser zerstößt. Als Kartoffelgewürz ist der exotische Kardamom ziemlich ungewöhnlich. Probieren Sie einmal! (siehe Mandeltorte!)

## Kerbel
Ein feines Kraut, das in unserem Klima schnell wächst und deshalb im Blumentopf angesät werden kann. Frische Kerbelblätter haben einen leicht süßlichen, anisähnlichen Geschmack. Zum Verfeinern von Kartoffelsuppen und im Frühjahr gut zu Pellkartoffeln, zum Beispiel als Kerbelquark.

## Knoblauch
Wer Knoblauch mag, kann im Grunde alles damit würzen – außer Süßspeisen. Das Problem ist für die meisten der Geruch »hinterher«. Dagegen gibt's bis heute keine wirksame Abhilfe, nur die Erkenntnis: Je frischer der Knoblauch, desto sanfter sein Geschmack und sein Geruch. Knoblauchfans verwenden ihn in großen Portionen, in Scheiben geschnitten oder durch die Knoblauchpresse gedrückt, zu Bratkartoffeln, Kartoffeleintöpfen, Kartoffelsalat. Wer nur einen leichten Hauch Knofel liebt, reibt Salatschüssel oder Bratpfanne mit einer aufgeschnittenen Zehe ein.

## Kümmel
Der Samen eines Doldengewächses, das auf der ganzen Welt wächst und auch überall zum Würzen schwerer Speisen verwendet wird. Der angenehme, aber starke Geschmack, drängt sich leicht vor, Kümmel deshalb vorsichtig dosieren. Ausnahme: Ins Kochwasser von Pellkartoffeln kann man eine große Portion geben, damit der Geschmack sich durch die Schale hindurch bemerkbar macht.

## Lorbeer
Die Blätter des immergrünen Lorbeerbaumes gibt es bei uns leider nicht immer frisch zu kaufen. Wer den strengen, leicht bitteren Geschmack liebt, sollte sich ein Lorbeerbäumchen anschaffen. (Es ist allerdings nicht winterfest!) Lorbeer kann man großzügiger dosieren, als das bei uns üblich ist – also statt eines halben, ruhig zwei, drei Blätter in Suppen und Eintöpfen mitkochen.

## Majoran
Der Geschmack von Blut- und Leberwürsten und Leberknödeln ist hauptsächlich durch Majoran geprägt. Weil er getrocknet noch sehr gut würzt, wird er selten frisch verwendet, obwohl er so viel edler schmeckt. Kartoffelsuppen ergänzt Majoran gut. Interessant auch zu Brat- und Backofenkartoffeln.

## Muskat
Die Bezeichnung »Nuß« für Muskat ist irreführend. Botanisch handelt es sich um einen Samenkern, der an bis zu 16 Meter hohen tropischen Muskatbäumen reift. Die getrockneten Kerne werden erst vor Gebrauch zerrieben. Muskatblüte oder Macis wird der Samenmantel genannt, der den Muskatkern umhüllt. Macis hat dasselbe Aroma und den selben feurig-würzigen Geschmack wie die Muskatnuß, nur noch intensiver. Es wird ganz oder gemahlen verkauft. Muskat ist für Kartoffelpüree geradezu ein Muß. Außerdem verfeinert es Kartoffelgratins und Gnocchi aus Kartoffelteig.

## Nelken
Die kleinen Knöpfchen am Stiel sind Blütenknospen von riesigen Bäumen, die auf tropischen Inseln wachsen. Sie müssen gepflückt werden, bevor die Blüten sich öffnen. Das intensive Aroma und der leicht holzige Geschmack verlangen eine zurückhaltende Dosierung.

### Oregano
Der wilde Verwandte von Majoran, der in Mittelmeerländern wächst und getrocknet zu kaufen ist. Paßt zu den gleichen Gerichten wie Majoran.

### Paprika
Für das Pulver werden getrocknete Paprikafrüchte zermahlen. Je mehr Kerne und Zwischenwände mitverwendet werden, desto schärfer wird die Paprikasorte. »Delikateß-Paprika« ist süßlich und ganz mild. »Edelsüß« ist aromatisch mit ganz wenig Schärfe. »Rosenpaprika« ist scharf und sehr kräftig im Geschmack. Beim Braten werden die milden Paprikasorten bitter, man gibt sie deshalb eher zu Schmorgerichten wie Kartoffelgulasch.

### Pepperoni
So nennt man bei uns die eingelegten »Chilischoten«. Siehe Stichwort »Chilischoten«. Durch das Einlegen haben sie außer ihrer Schärfe zusätzlich einen leicht säuerlichen Gschmack.

### Petersilie
Das typisch deutsche Küchenkraut. Oft wird leider nur die krause Variante angeboten, dabei ist glatte Petersilie viel intensiver im Geschmack. Leicht selbst zu ziehen – es geht auch im Blumentopf.
*Die* klassische Verwendung: als Petersilienkartoffeln.

### Pfeffer
Man unterscheidet drei Sorten:
Schwarzer Pfeffer: Unreif geerntete und getrocknete Beeren, scharf und feurig.
Weißer Pfeffer: Ausgereifte, geschälte Beeren, mild schärfend.
Grüner Pfeffer: Unreife Beeren, frisch eingelegt oder gefriergetrocknet, mild und besonders aromatisch.
Der sogenannte »rosa Pfeffer« ist kein echter Pfeffer, er stammt aus der Familie des Holunders. Er schmeckt pfeffrig scharf, mit süßem Beigeschmack.
Damit nicht nur die Schärfe, sondern auch das Aroma erhalten bleibt, Pfefferkörner immer erst kurz vor dem Servieren frisch über das Gericht mahlen.

### Piment
Stark duftendes Gewürz aus unreif geernteten tropischen Pimentbeeren. Neben seiner pfeffrigen Schärfe erinnert das Aroma an Nelken, Muskat und Zimt. Piment wird genauso verwendet wie diese drei Gewürze.

### Rosmarin
In Aussehen und Aroma haben die Rosmarinnadeln ein wenig von Kiefernnadeln. Sie würzen sehr intensiv, auch noch in getrocknetem Zustand. Trockene Nadeln bleiben beim Mitkochen ziemlich hart, wer das nicht mag, sollte sie im Mörser zerstoßen. Rosmarin paßt in alle südlichen Sommergerichte, aber auch zu Bratkartoffeln und im Backofen geschmorten Kartoffeln.

### Safran
Handgepflückte Blütenstempel einer südlichen Krokusart. Weil die Ernte mühsam und wenig ergiebig ist, wird Safran extrem teuer verkauft – ein Gramm kostet etwa drei Mark. Es sind viele Fälschungen auf dem Markt. Um sich davor einigermaßen zu schützen, nur ganze Safranfäden, kein Pulver kaufen. Safran riecht kräftig und schmeckt leicht bitter. Schon in winzigen Mengen färbt er Speisen intensiv gelb. Kartoffelgerichte sehen damit gleich ganz exotisch aus.

### Salbei
Die graugrün und silbrig schimmernden Blätter geben mit ihrem typischen Geschmack jedem Gericht eine »italienische« Note. In heißem Fett kroß herausgebraten sind sie besonders köstlich. Probieren Sie's mal über Bratkartoffeln.

### Schnittlauch
Die frische Schärfe kommt nur zur Geltung, wenn Schnittlauch nicht mitgekocht wird. Am besten schneidet man ihn kurz vor dem Servieren mit einer Küchenschere über das Essen. Schnittlauchröllchen gehören zur gängigsten Dekoration in der deutschen Küche. Zur Abwechslung können Sie die feineren Stiele wie ein Sträußlein über das Essen legen. Auch seine Blüten sind zum Verzehr geeignet und außerdem sehr dekorativ.

### Senfkörner
Die weißen und schwarzen Samen der Senfpflanze sind geruchlos. Der charakteristische, brennende Senfgeschmack entsteht erst beim Einweichen in Wasser. Ganze Senfkörner nimmt man zum Würzen von Marinaden, zum Beispiel im Kartoffelsalat.

### Thymian
Die kleinen Blättchen würzen sehr stark und manchmal leicht bitter. Beim Trocknen verlieren sie nichts von ihrer Würzkraft. Für die feine Küche werden verschiedene Sorten gezüchtet: Zitronen-, Orangen-, Kümmelthymian. Sie geben Kartoffelgerichten neue Duftnoten.

### Wacholder
Die Beeren werden von wildwachsenden Wacholderbäumen (einer Zypressenart) gesammelt und getrocknet. Kleine Beeren haben das beste Aroma, herb, bitter und süß zugleich. Sie verbessern Marinaden und Beizen. Vor Gebrauch sollte man sie leicht anquetschen. Nicht mehr als etwa zwei Stück pro Person verwenden, sonst schmecken sie zu sehr hervor!

### Zimt
Die Rinde eines asiatischen Lorbeergewächses, die sich beim Schälen aufrollt. Je dünner abgeschabt, desto feiner das Zimtaroma. Aus Ceylon kommt der edelste und süßeste Zimt, er wird in Stangen verkauft. Die anderen Zimtsorten, meist etwas herber und würzig-brennend, werden überwiegend gemahlen angeboten. Außer in Süßspeisen kann Zimt auch in kleinen Mengen in süß-sauren Gerichten verwendet werden.

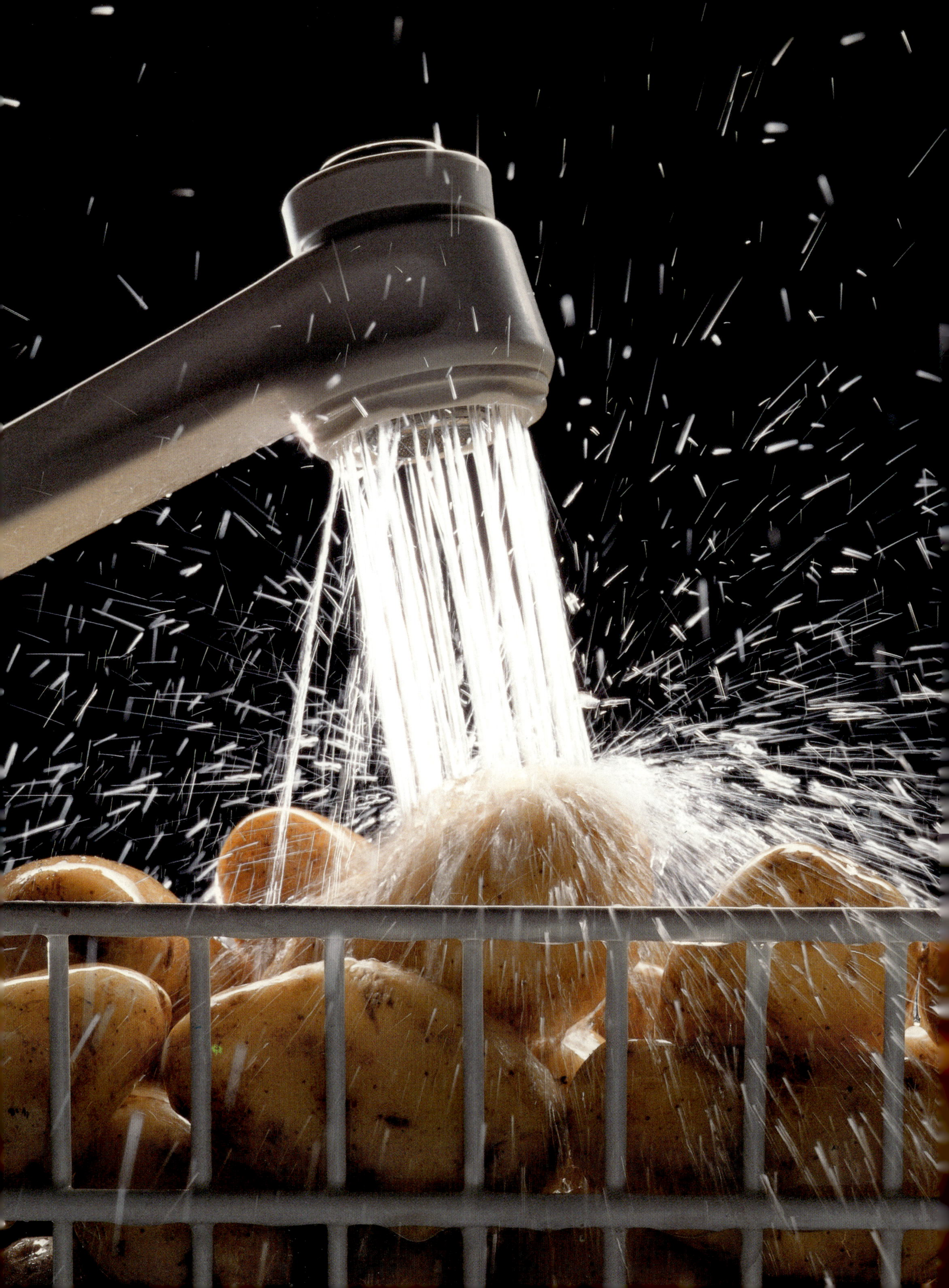

# FRÜH-
# KARTOFFELN

**F**ür viele das Schönste am Frühling: die neuen Kartoffeln!
Die einen denken dabei sofort an Spargel, für die anderen liegt der wahre Genuß in der puren Kartoffel, mit etwas Butter und Salz, und sonst gar nichts...
Frühkartoffeln sind zarte Wesen und wollen behutsam behandelt werden. Nicht schälen und nicht abbürsten, nur unter fließendem Wasser abwaschen. Mit ihrer hauchdünnen Schale haben sie eine kürzere Kochzeit als die späteren Kartoffelsorten. Man kann sie gleich in kochendem Wasser aufsetzen, dann sind sie bereits in durchschnittlich fünfzehn Minuten gar. Bei Frühkartoffeln ist selbst die Schale eine Delikatesse, allerdings eine vergängliche. Da sie schnell unansehnlich werden, sollte man Frühkartoffeln nicht auf Vorrat kaufen, sondern so frisch wie möglich genießen.

## Provenzalische Kartoffeln

| |
|---|
| 1½ kg kleine Frühkartoffeln (Drillinge) |
| 6 EL Olivenöl |
| 60 g Butter |
| 3 Stengel gerupfter Salbei |
| 3 Stengel gerupfter Majoran |
| 2 TL Zucker |
| Salz |

- Kartoffeln möglichst nicht schälen, nur waschen und sehr sauber bürsten, mit Küchenkrepp gründlich abtrocknen.
- Olivenöl in einer schweren Pfanne erhitzen, Kartoffeln unter ständigem Wenden kräftig anbraten.
- Hitze reduzieren, Butter, Salz, Kräuter und Knoblauch hinzufügen und verrühren.
- Unter ständigem Wenden und Schütteln der Pfanne die Kartoffeln goldbraun braten.
- Läßt sich eine Gabel weich in die Kartoffeln stechen, sind sie gar.
- Zucker über die Kartoffeln streuen und karamelisieren lassen.
- Nochmals mit Salz abschmecken und sehr heiß servieren.

| |
|---|
| 4 Portionen |
| Pro Portion: 1137 kJ (227 kcal) |
| Salatempfehlung: 5·3 |
| Getränk: kräftiger Rosé |

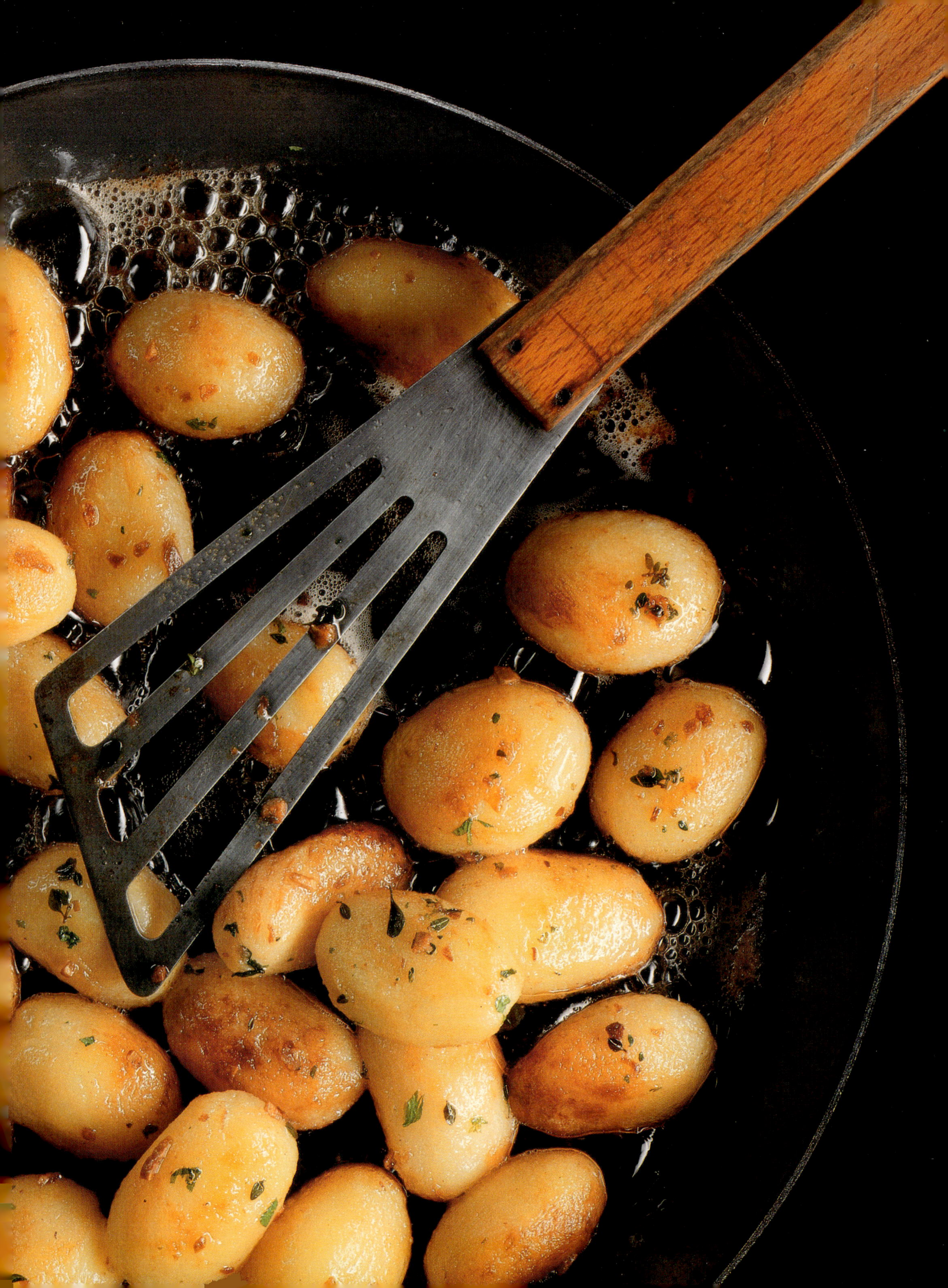

## Spargel mit Schinken

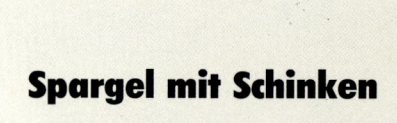

| |
|---|
| *2 kg weißer Spargel* |
| *1 ausgepreßte Zitrone* |
| *200 g Butter* |
| *1 TL Zucker* |
| *200 g dünn geschnittener Räucherschinken* |

- Spargel schälen, untere holzige Teile abschneiden.
- Zitrone, Butter und Zucker in Salzwasser geben und aufkochen lassen.
- Spargel einlegen und etwa 15 Minuten garen.
- Spargel mit Schinken servieren.

Dazu: Neue Petersilienkartoffeln

| |
|---|
| 4 Portionen |
| Pro Portion: 2560 kJ (625 kcal) |
| Salatempfehlung: — |
| Getränk: junger Weißwein |

47

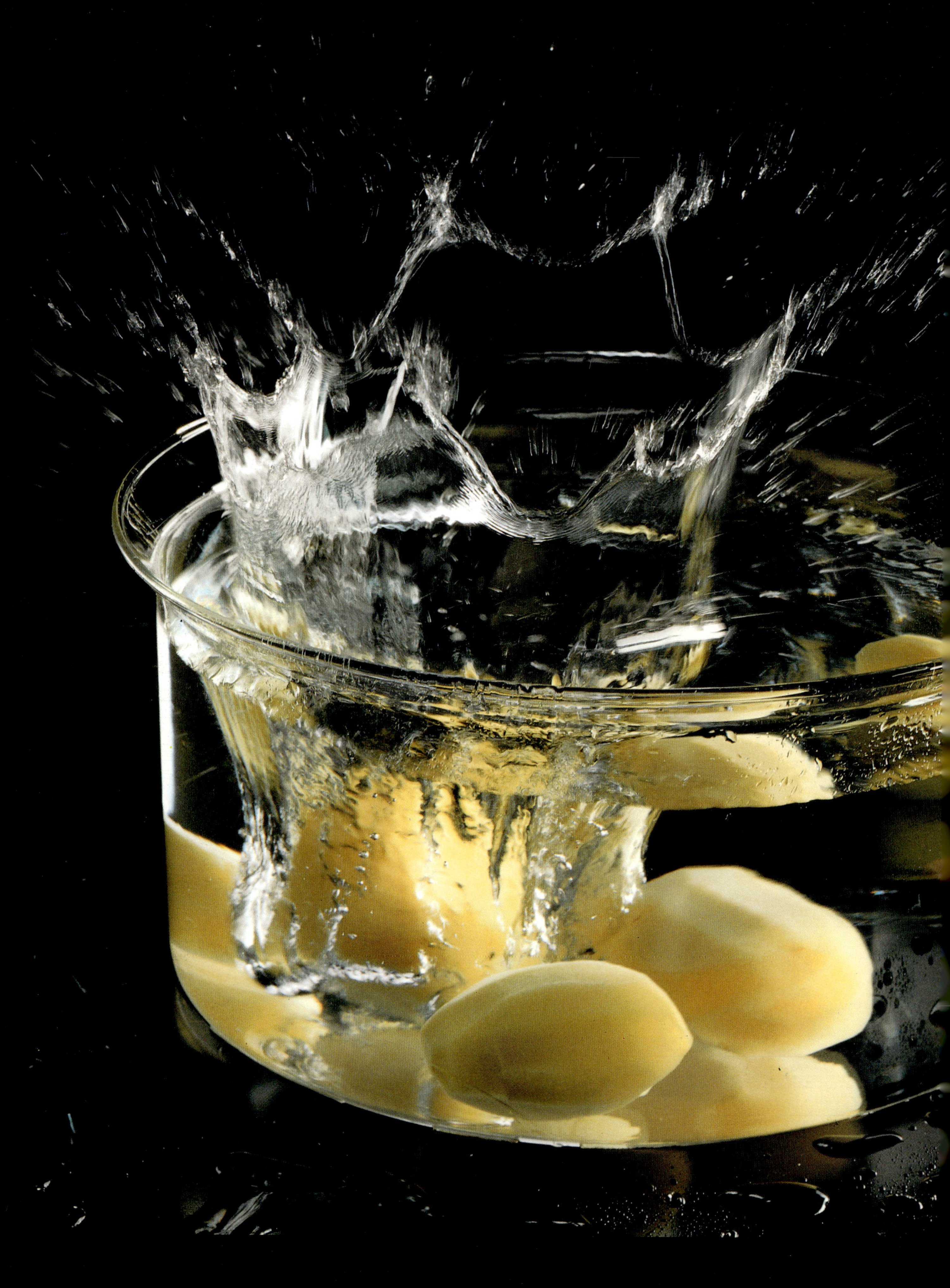

# SALZ-KARTOFFELN

**W**enn Fleisch- oder Fischgerichte von einer raffinierten Sauce begleitet werden, gibt es kaum eine bessere Beilage als Salzkartoffeln. Ihre sämige Konsistenz nimmt die Flüssigkeit auf, ohne den Saucengeschmack zu verfälschen. Für den Saucenliebhaber kann die Salzkartoffel nicht mehlig genug sein, aber auch vorwiegend festkochend erfüllt sie ihre Aufgabe. Richtig zubereitet wird sie so: Kartoffeln möglichst dünn schälen, Augen und dunkle Stellen herausschneiden, waschen und in kaltem Salzwasser aufsetzen. Je weniger Wasser man nimmt, desto vitaminschonender werden die Kartoffeln gegart. Wenn das Wasser kocht, Hitze soweit zurückschalten, bis es gerade siedet. Nach zwanzig Minuten die erste Garprobe: Mit der Gabel oder einem spitzen Messer in die Kartoffeln einstechen. Ist kein harter Kern mehr spürbar, sind die Kartoffeln gar. Wenn nötig, je nach Größe noch einige Minuten zugeben, dann Kartoffelwasser abgießen, den Topf ohne Deckel noch einmal auf die heiße Herdstelle setzen und ein-, zweimal leicht rütteln, damit nichts anbrennt.

## Flußforelle in Gemüsesud

| |
|---|
| 4 Forellen (je 200 g) |
| ¼ l erwärmter Essig |
| 4 Karotten |
| 4 Navetten (weiße Rüben) |
| ¼ Sellerie |
| 1 geschälte und |
| in Scheiben geschnittene Zitrone |
| ¼ l Wasser |
| ¼ l Weißwein |
| 1 Bund Dill |
| 1 Lorbeerblatt |
| 100 g eisgekühlte Butter (in Stückchen) |
| Salz |
| frisch gemahlener weißer Pfeffer |

- Forellen waschen und mit Essig übergießen.
- Karotten, Navetten und Sellerie schälen und in feine Streifen schneiden.
- Wasser und Wein aufkochen, Dill, Lorbeer, Salz, Zitrone sowie Gemüse hinzufügen. Nochmals aufkochen lassen.
- Die Forellen einlegen und bei sanfter Hitze 10 Minuten garziehen lassen.
- Die Hälfte des Kochsuds durchsieben und auffangen.
- Den Sud bei starker Hitze auf die Hälfte reduzieren und mit Butter montieren.
- Mit Salz und Pfeffer abschmecken.

Dazu: Salzkartoffeln

| |
|---|
| 4 Portionen |
| Pro Portion: 1140 kJ (278 kcal) |
| Salatempfehlung: — |
| Getränk: Weißwein |

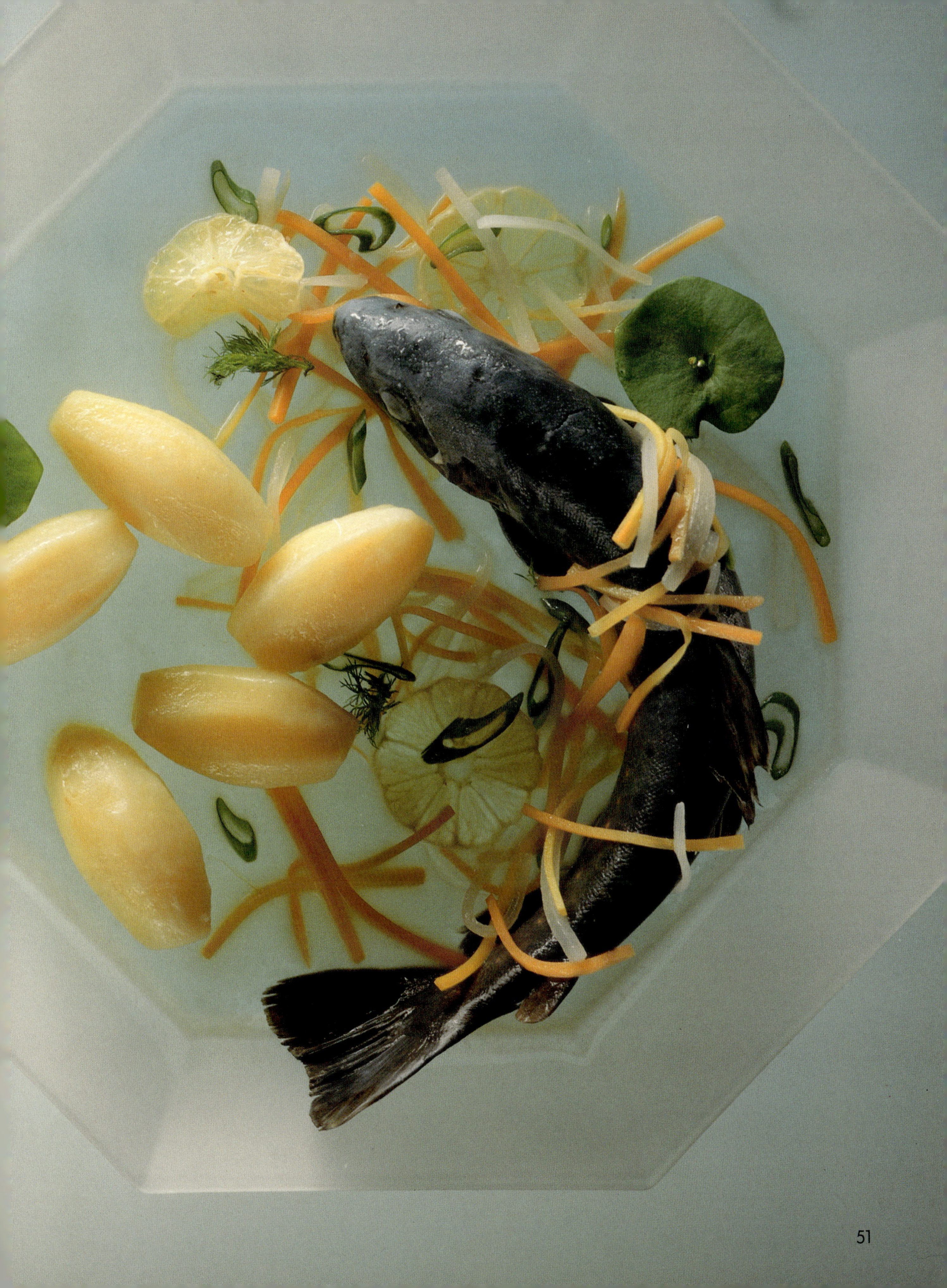

# PELL-KARTOFFELN

**W**er gesundheitsbewußt kocht, wird meistens der Pellkartoffel den Vorzug geben. Unter der Schale bleiben die Vitamine und Mineralien am besten erhalten. Die Kartoffeln unter fließendem Wasser abbürsten, in kaltem Wasser aufsetzen und je nach Größe zwanzig Minuten oder etwas länger garkochen, genau so wie Salzkartoffeln (siehe Seite 49). Fügen Sie dem Kochwasser ab und zu außer Salz einen Teelöffel Kümmel, getrockneten Majoran, Oregano, Thymian oder ein paar Lorbeerblätter zu, das gibt ein interessantes Aroma.
Die dünne Schale von Frühkartoffeln kann mitgegessen werden, die späteren Sorten werden geschält. Heiß löst sich die Schale am leichtesten.

Salatempfehlung: 1
Getränk: Kräftiger Rotwein

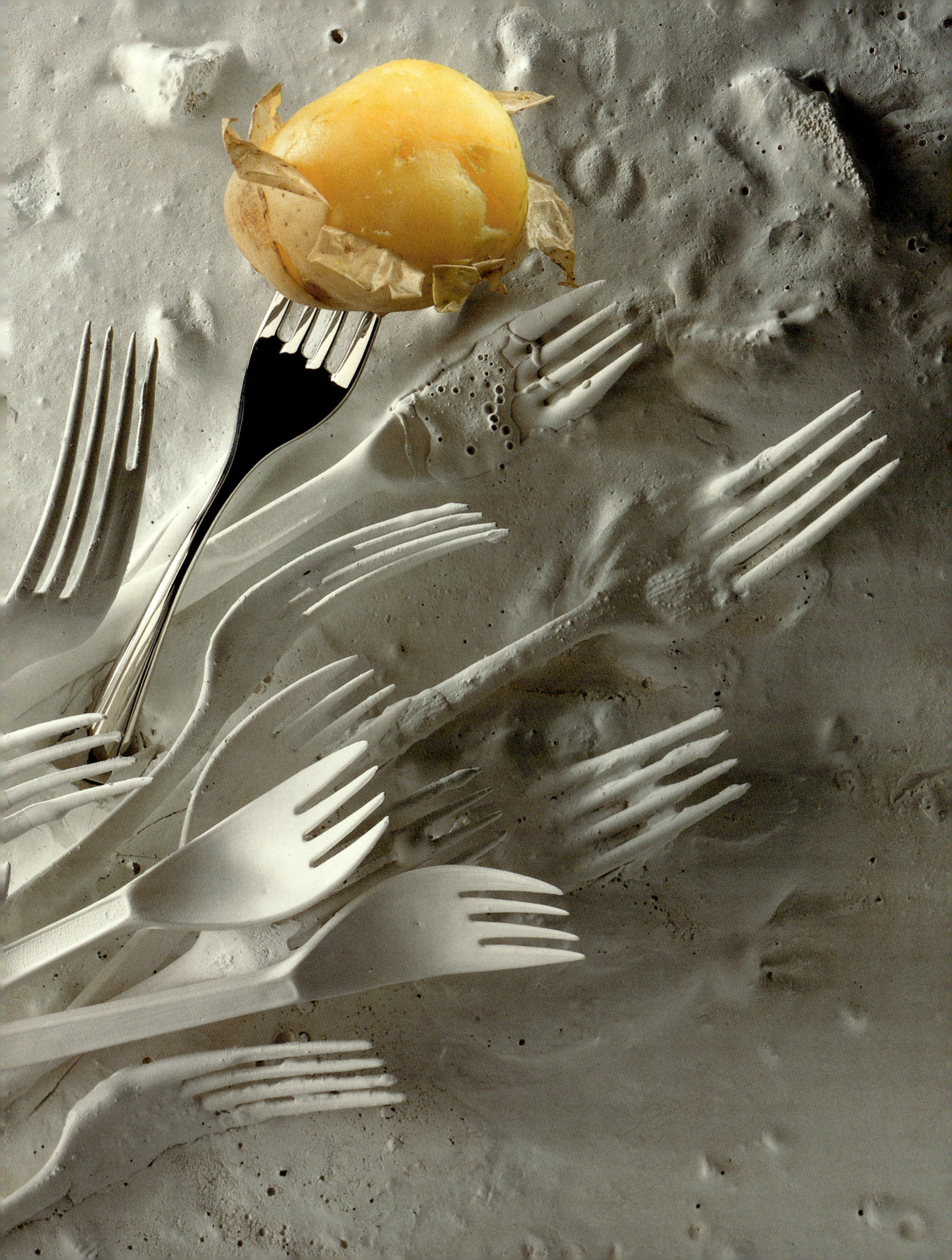

**S**o kann man ein Essen für die anspruchsvollsten Gäste komponieren – mit einem Minimum an Arbeit: Pellkartoffeln von der besten Sorte kochen, dazu eine Auswahl gekaufter Zutaten auftischen, von fein bis deftig, vom Caviar bis zur Zwiebel. Zur Pellkartoffel schmeckt einfach alles!

Im Uhrzeigersinn:

Beluga-Caviar
Brunnenkresse
Sahnequark
Sevruga-Caviar
Frühlingszwiebeln
Limetten
Petersilie
hartgekochte Eier
Schnittlauch
Zwiebeln
Butter
Crème fraîche
Keta-Caviar
Radieschen
Räucherlachs
Dill
Kräuterbutter
Matjesfilet

Salatempfehlung: 1
Getränk: kräftiger Weißwein

# KARTOFFEL-SALATE

**Kartoffelsalat mit Speck, Zwiebeln und Petersilie**

*1 kg Pellkartoffeln (festkochend)*
*200 g Räucherspeck*
*3 gewürfelte Zwiebeln*
*4 EL Essig*
*12 EL Öl*
*1 Bund feingehackte Petersilie*
*Salz*
*frisch gemahlener Pfeffer*

- Gekochte und gepellte Kartoffeln in Scheiben schneiden.
- Speck in Streifen schneiden und in der heißen Pfanne knusprig ausbraten.
- Aus Essig, Öl, Salz und Pfeffer die Marinade bereiten.
- Die Kartoffeln vorsichtig in der Marinade wenden.
- Mit Speck und Zwiebeln vermischen.
- Mit Petersilie bestreut servieren.

4 Portionen
Pro Portion: 2604 kJ (635 kcal)
Salatempfehlung: —
Getränk: Bier

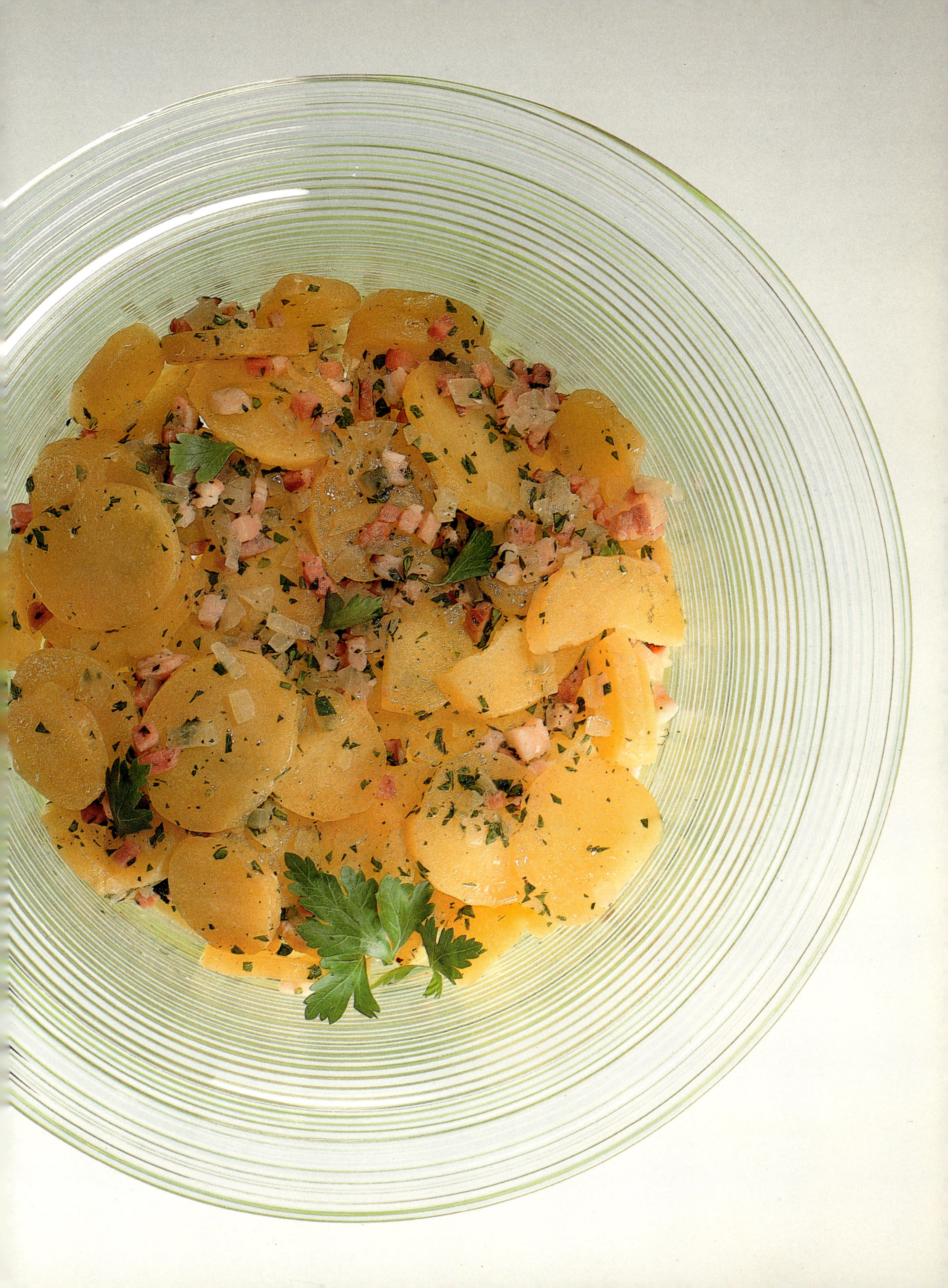

## Kartoffelsalat mit Äpfeln und Mandeln

| |
|---|
| 1 kg Bio-Pellkartoffeln (festkochend) |
| 2 weiße Zwiebeln |
| 100 g enthäutete Mandeln |
| 1 Pfund rote Äpfel |
| 1 ausgepreßte Zitrone |
| 2 Eigelb |
| ⅛ – ¼ l Walnußöl |
| ⅛ l steifgeschlagene süße Sahne |
| 3 EL Apfelessig |
| Salz, frisch gemahlener Pfeffer |
| nach Jahreszeit: Apfelblüten |
| (können mitgegessen werden) |

- Die gekochten Kartoffeln noch warm schälen und in Scheiben schneiden.
- Zwiebeln schälen und in Scheiben schneiden.
- Mandeln halbieren, in der trockenen Pfanne rösten.
- Äpfel vierteln, entkernen und mit Zitrone beträufeln.
- Eigelb schaumig schlagen, allmählich das Öl dazugeben und zur Mayonnaise aufschlagen.
- Essig und Sahne darunterheben und mit Salz und Pfeffer abschmecken.
- Kartoffeln vorsichtig mit Zwiebeln, Mandeln und Äpfeln vermengen und die Mayonnaise unterheben.

## Kartoffelsalat mit Schafskäse und Oliven

1 kg Bio-Pellkartoffeln (festkochend)
12 EL Olivenöl
1 Zweig Rosmarin
1 feingehackte weiße Zwiebel
1 Eigelb
3 EL Essig
2 gehäutete und entkernte Fleischtomaten
200 g Schafskäse
100 g schwarze Oliven
1 Zweig gezupfter Rosmarin
Salz
frisch gemahlener Pfeffer

- Die gekochten Kartoffeln noch warm schälen.
- Olivenöl in der Pfanne erhitzen, Rosmarin und die Zwiebel darin andünsten, abgießen und das Öl auffangen.
- Eigelb schaumig schlagen, allmählich das Öl dazugeben und zur Mayonnaise aufschlagen.
- Mit Essig, Salz und Pfeffer abschmecken.
- Tomaten würfeln, Kartoffeln in Scheiben schneiden, den Schafskäse zerbröckeln.
- Kartoffeln vorsichtig mit Mayonnaise, Zwiebeln, Tomaten, Oliven, Schafskäse und Rosmarin vermengen und mit Rosmarin bestreut servieren.

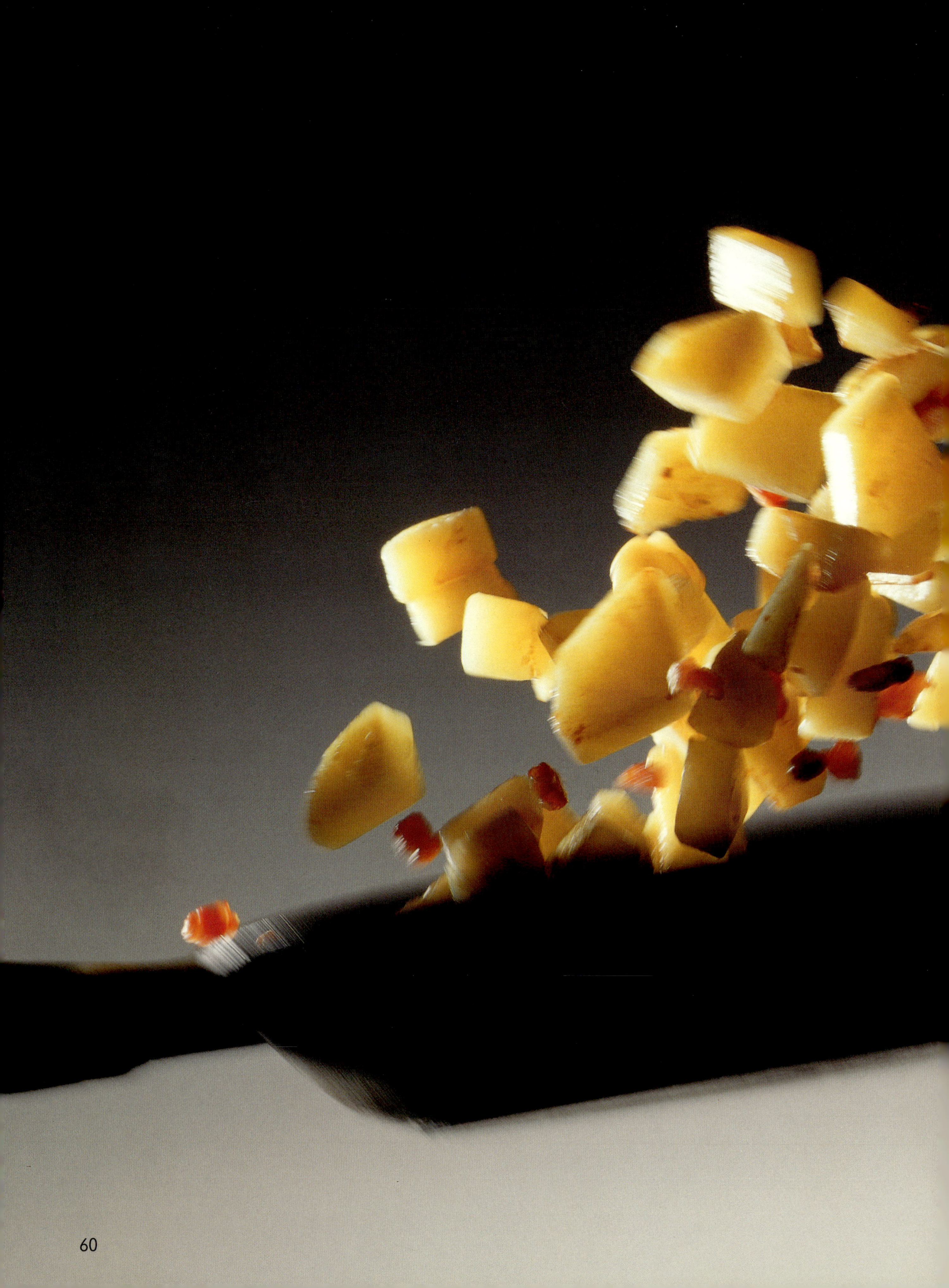

# BRAT-KARTOFFELN

**F**ast jeder, der Bratkartoffeln mag, hat dafür sein ureigenes Rezept. Trotzdem sind sich die Fans über ein paar Grundregeln einig: Die Kartoffelsorte soll festkochend sein, damit die Kartoffeln in Form bleiben. Das Fett: keine Butter und kein kaltgepreßtes Öl, sie können nicht hoch genug erhitzt werden. Geeignet sind neutrale Pflanzenöle und -fette oder Butterschmalz. Wer den Geschmack mag, kann auch Schweine- oder Gänseschmalz nehmen.
Für Bratkartoffeln aus rohen Kartoffeln schneidet man Würfel oder Scheiben. In der größten vorhandenen Pfanne Fett hoch erhitzen, Kartoffeln einlegen, auf mittlere Temperatur zurückschalten. Am besten gelingen die Bratkartoffeln, wenn sie nebeneinander, nicht übereinander liegen. Und jetzt das Wichtigste: Geduldig warten können! Mit rohen Kartoffeln dauert es mindestens zwanzig Minuten, bis sie rundherum knusprig sind. Erst wenden, wenn die Unterseite schön kroß ist. Zu häufiges Umrühren und Wenden macht die Kartoffeln nur matschig und formlos. Zwiebeln nach etwa 10 Minuten zugeben. Erst wenn die Kartoffeln fertig sind, salzen, pfeffern und mit Kräutern bestreuen. Sehr fein ist ein Stich Butter, ganz zum Schluß über den heißen Bratkartoffeln verschmolzen.

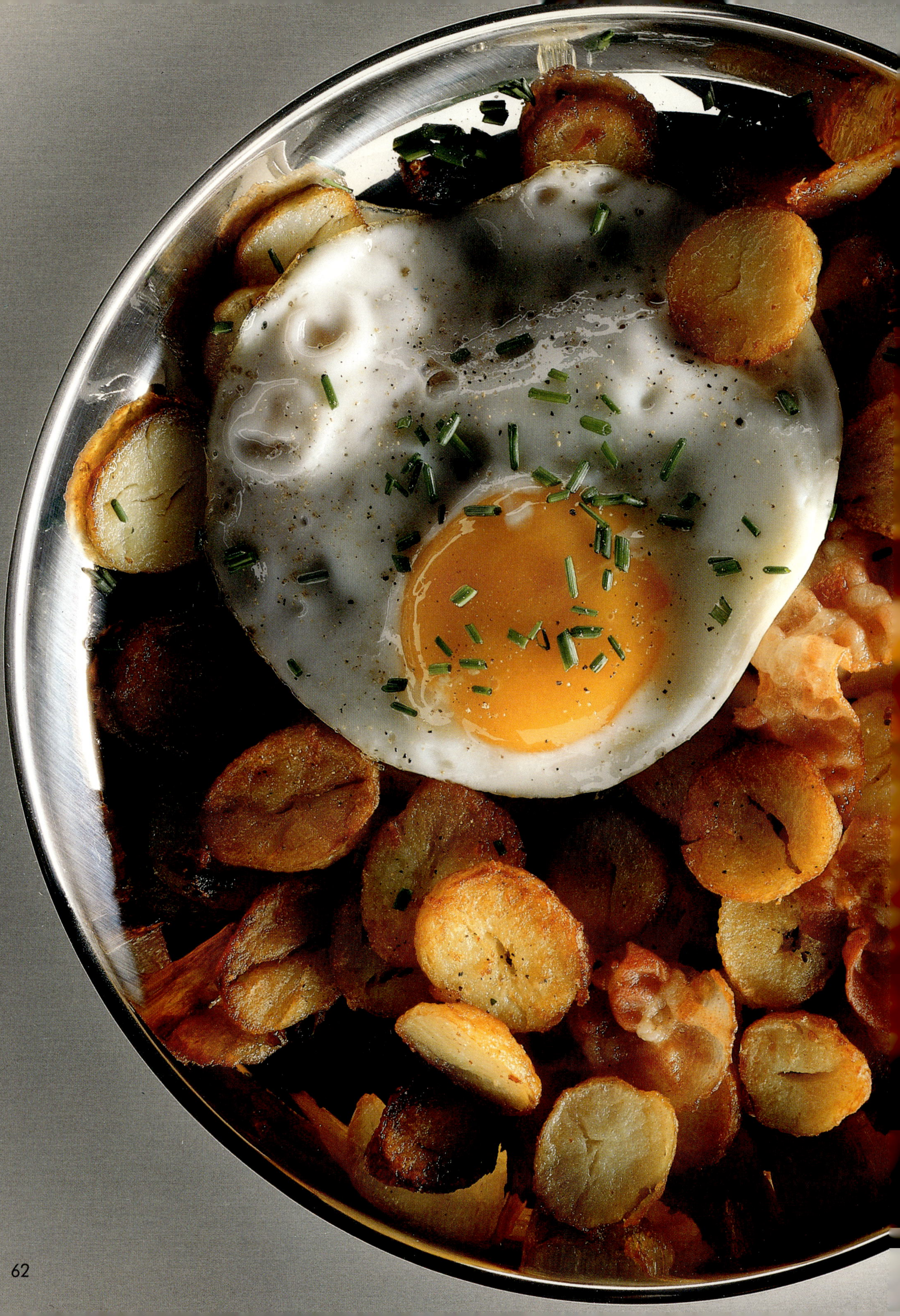

## Spiegelei

*1 EL Butter*
*1 EL Öl*
*4 Eier*
*1 Bund feingeschnittener Schnittlauch*
*Salz*
*frisch gemahlener Pfeffer*

● Butter und Öl in der Pfanne nicht zu stark erhitzen.
● Eier hineingleiten lassen und langsam braten.
● Mit Salz und Pfeffer würzen und mit Schnittlauch bestreuen.

## Bratkartoffeln

*1 kg Pellkartoffeln (festkochend)*
*80 g Butterschmalz*
*Salz*
*frisch gemahlener Pfeffer*

● Die am Vortag gekochten Kartoffeln pellen und in nicht zu dünne Scheiben schneiden.
● Das Butterschmalz in einer schweren Pfanne erhitzen und die Kartoffeln hineingeben.
● Die Kartoffeln bei starker Hitze bräunen, dabei nicht zu oft wenden.
● Zuletzt mit Salz und Pfeffer würzen.

Kartoffeln müssen unbedingt bei sehr starker Hitze gebraten werden, da sie bei schwacher Hitze nur langsam braun und im Innersten ledrig werden.
Kartoffeln erst ganz zum Schluß würzen, vorher würden sie durch das Salz Feuchtigkeit ziehen und nicht bräunen.

4 Portionen
Pro Portion: 1871 kJ (456 kcal)
Salatempfehlung: 1·3
Getränk: Bier

## Rheinischer Bratwurstring

1 EL Butter
1 EL Öl
1 Rheinischer Bratwurstring

- Butter und Öl in der Pfanne erhitzen.
- Bratwurst hineingeben.
- Etwa 5 Minuten je Seite braun braten.
- Gelegentlich mit dem Bratfett begießen.

Dazu: Bratkartoffeln, Rezept Seite 63

4 Portionen
Pro Portion: 545 kJ (133 kcal)
Salatempfehlung: 3
Getränk: Bier

## Sülze von Sommergemüsen mit Gurken

| |
|---|
| 1 Bund weiße Teltower Rübchen |
| 1 Bund junge Karotten |
| 500 g Brokkoli |
| 1 mittelgroßer Blumenkohl |
| 200 g Haricots verts (Prinzeßböhnchen) |
| 16 Blatt Gelatine |
| 1 l sehr kräftig abgeschmeckte Instant-Gemüse-Hefebrühe |
| 1/8 l trockener Sherry |
| 1 Salatgurke |
| 1 El Butter |
| feingeschnittener Dill |
| 1/10 l Weißwein |
| Salz, frisch gemahlener Pfeffer |

● Gemüse putzen und schälen, Rübchen und Karotten in Streifen schneiden. Brokkoli und Blumenkohl in Röschen teilen. Von den Haricots verts die Spitzen abschneiden.
● Die Gemüse einzeln in Salzwasser knackig garen, auf ein Sieb gießen und kalt abschrecken. Auf Küchenpapier gründlich abtrocknen lassen.
● Gelatine in kaltem Wasser 4 Minuten einweichen, abgießen und ausdrücken.
● Gemüsebrühe mit Sherry erhitzen, Gelatine darin auflösen.
● Terrinenform mit der Brühe dünn ausgießen, im Kühlschrank fest werden lassen, mit Karotten belegen und vorsichtig mit Brühe begießen, bis diese bedeckt sind. Mit den restlichen Gemüsen ebenso verfahren, dabei die einzelnen Schichten immer wieder festwerden lassen.
● Terrine im Kühlschrank 5–6 Stunden kaltstellen.
● Salatgurke schälen und in Stifte schneiden.
● Butter erhitzen, die Gurke darin andünsten.
● Mit Wein ablöschen, Dill hinzufügen und mit Salz und Pfeffer abschmecken.
● Die Sülze in Scheiben schneiden, mit Gurkengemüse servieren.

Dazu: Bratkartoffeln, Rezept Seite 63

| |
|---|
| 4 Portionen |
| Pro Portion: 1137 kJ (227 kcal) |
| Salatempfehlung: 5·3 |
| Getränk: kräftiger Rosé |

## Tafelspitz mit Bouillongemüsen

| |
|---|
| 1 kg Tafelspitz (aus der Keule) |
| 3–4 Rinderknochen |
| 1 Bund Suppengrün |
| 1 TL Salz |
| 1 geschälte Petersilienwurzel |
| 3 Pimentkörner |
| 2 Lorbeerblätter |
| 1 mit 4 Nelken gespickte Zwiebel |
| 2 Lauchstangen |
| 1 Bund Karotten |
| 1 Bund weiße Teltower Rübchen |
| 1 kleiner Sellerie |

- Fleisch und Knochen mit kaltem Wasser bedecken, bei mittlerer Hitze langsam aufkochen lassen und den entstehenden Schaum abschöpfen.
- Hitze reduzieren, Suppengrün, Salz, Petersilienwurzel und Gewürze dazugeben.
- Drei Stunden leise köcheln lassen.
- Das Fleisch in der Bouillon erkalten lassen, herausnehmen und die Brühe durchsieben.
- Gemüse putzen und waschen, Lauch in schräge Stücke schneiden, Sellerie achteln, Karotten und Rübchen ganz lassen.
- Gemüse zur Bouillon geben und 20 Minuten sanft garen.
- Fleisch in dünne Scheiben schneiden, mit dem Gemüse servieren.

Dazu: Bratkartoffeln, Rezept Seite 63

Eventuell:
- frisch geriebener Meerrettich
- Apfelkren (geriebener Meerrettich und geriebener Apfel, zu gleichen Teilen vermischt)
- Schnittlauchsauce (Crème fraîche, vermischt mit Schnittlauch, gewürzt mit Salz und Pfeffer)

| |
|---|
| 4 Portionen |
| Pro Portion: 1225 kJ (299 kcal) |
| Salatempfehlung: 6 |
| Getränk: kräftiger Weißwein · Pils |

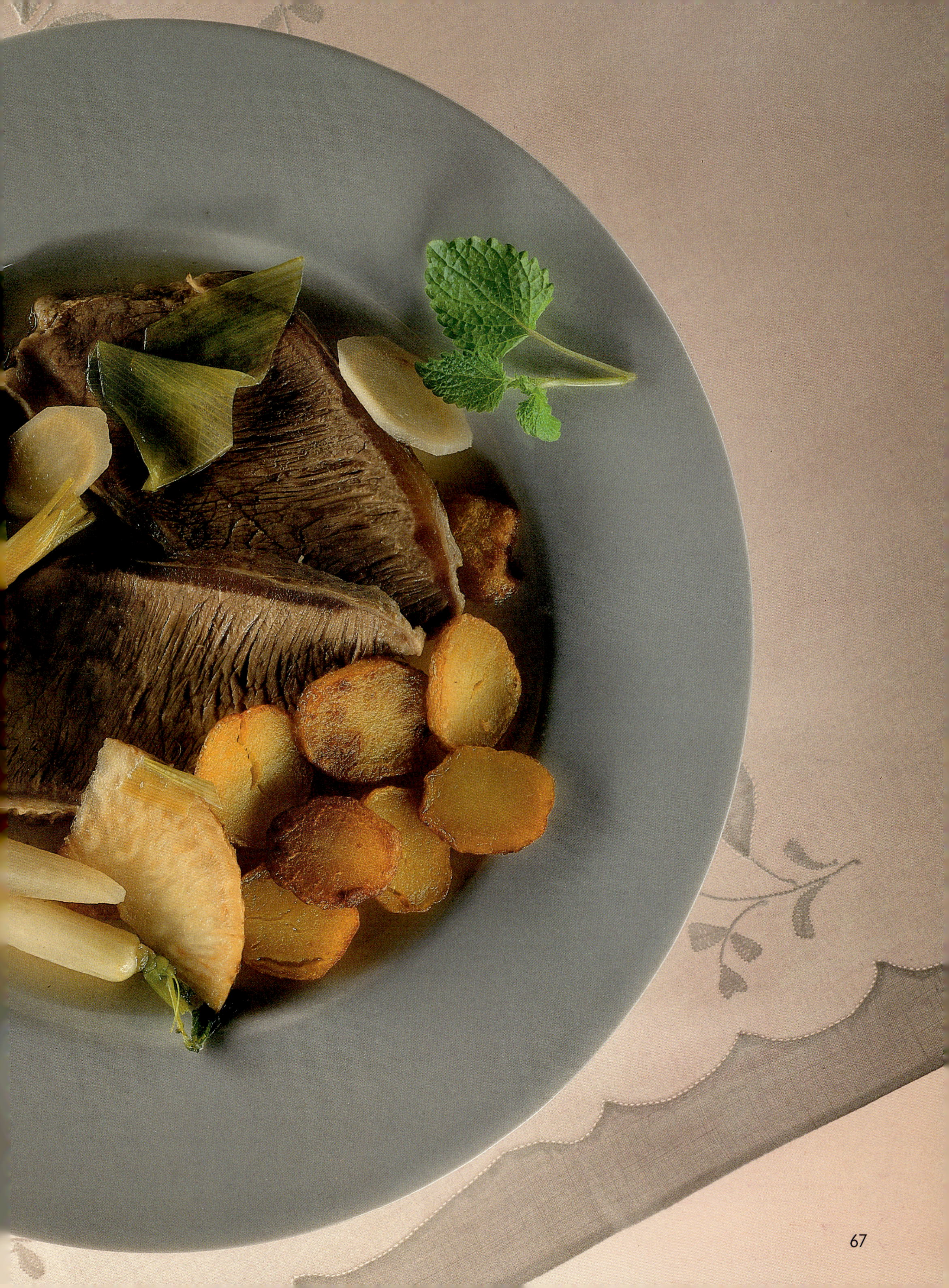

## Zürcher Gschnetzeltes

*600 g Kalbschnitzel (dünne Scheiben)*
*2 EL Öl, 2 EL Butter*
*1 feingehackte Zwiebel*
*200 g in feine Scheiben geschnittene Champignons*
*1 Bund feingehackter Estragon*
*2/10 l Weißwein*
*200 g süße Sahne*
*Salz, frisch gemahlener Pfeffer*

- Kalbschnitzel in dünne, etwa 6 cm lange Streifen schneiden.
- Öl in der Pfanne erhitzen, das Fleisch darin portionsweise anbraten.
- Fleisch auf ein Sieb gießen, den Bratensaft auffangen.
- Fleisch mit Salz und Pfeffer würzen. Butter in der Pfanne erhitzen, die Zwiebel und Champignons darin andünsten.
- Estragon zugeben und verrühren.
- Mit Wein ablöschen, aufkochen lassen und die Flüssigkeit etwas reduzieren.
- Sahne und Bratensaft zugeben und nochmals Flüssigkeit reduzieren, bis eine sämige Sauce entsteht.
- Fleisch hineingeben und nochmals erwärmen, mit Salz und Pfeffer abschmecken.
- Gschnetzeltes mit in Viertel geteilten Röstis servieren.

## Rösti

*800 g Pellkartoffeln (festkochend)*
*am Vortag gekocht*
*Salz, 3 EL Öl, 3 EL Butter*

- Kartoffeln schälen, durch die grobe Kartoffelreibe reiben und mit Salz vermischen.
- Öl und Butter in der Teflonpfanne erhitzen, die Rösti hineingeben und bei mittlerer Hitze goldgelb braten, dabei flach in der Pfanne andrücken.
- Rösti mit einem Teller bedecken, mit der Pfanne wenden und in die Pfanne zurückgleiten lassen.
- Die andere Seite ebenfalls goldgelb und knusprig braten.

*4 Portionen*
Pro Portion: 2410 kJ (588 kcal)
Salatempfehlung: —
Getränk: Weißwein

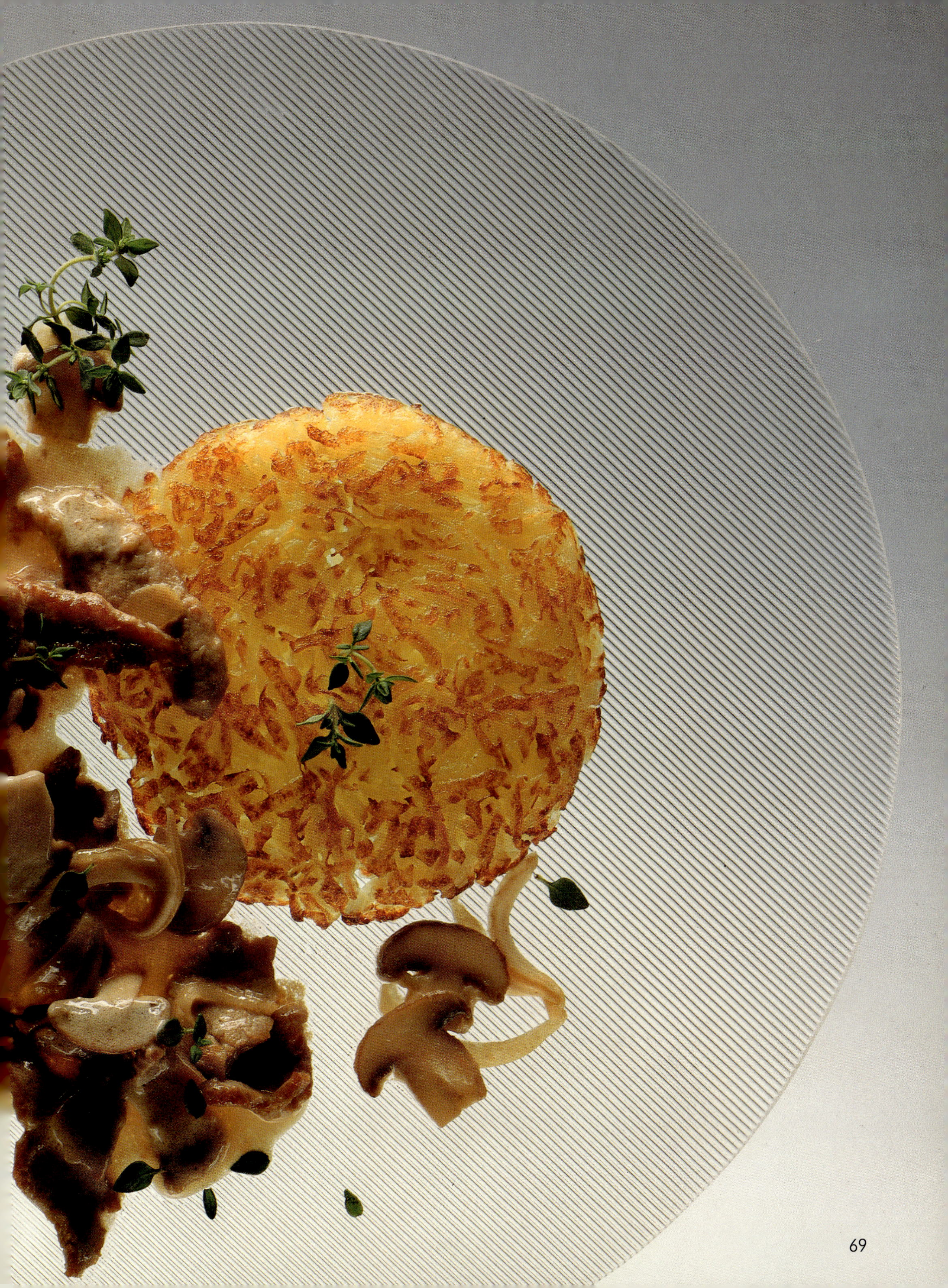

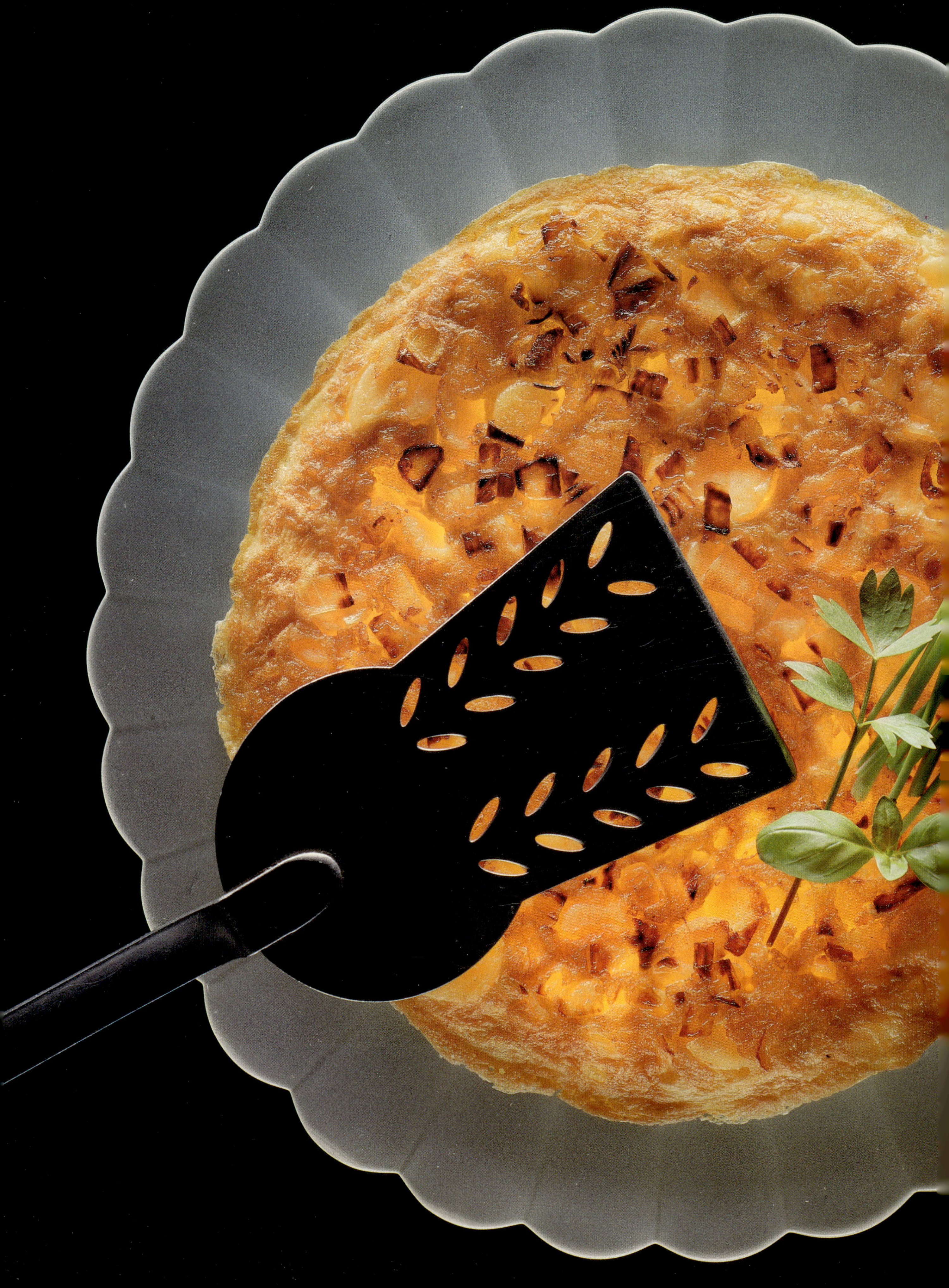

## Tortilla mit Zwiebeln

*200 g weiße Zwiebeln*
*400 g Kartoffeln (mehlig)*
*6 EL Olivenöl*
*6 Eier*
*Salz*
*frisch gemahlener Pfeffer*

- Zwiebeln schälen und würfeln.
- Kartoffeln schälen und in 2 × 2 cm große Stückchen schneiden.
- 4 EL Öl in der Pfanne erhitzen, die Zwiebeln darin glasig dünsten.
- Kartoffeln hinzugeben und 15 Minuten unter gelegentlichem Wenden gar braten.
- Mit Salz und Pfeffer würzen.
- Eier mit Salz schaumig schlagen und über die Kartoffeln gießen. Unter ständigem vorsichtigem Wenden stocken lassen. Deckel daraufgeben und bei schwacher Hitze unter gelegentlichem Schütteln goldgelb backen.
- Tortilla mit einem Teller bedecken, mit der Pfanne wenden.
- 2 EL Öl in die Pfanne geben, die Tortilla hineingleiten lassen und die Unterseite bei schwacher Hitze (ohne Deckel) ebenfalls goldgelb backen.

4 Portionen
Pro Portion: 992 kJ (242 kcal)
Salatempfehlung: 4
Getränk: leichter Rotwein

# SUPPEN

**E**in kleines Kochwunder – die klare Kartoffelsuppe ist erfunden! Ein höchst kulinarisches Beispiel für die Vielseitigkeit der Knolle, die zur deutschen Suppe fast so selbstverständlich gehört wie das sprichwörtliche Salz in derselben. Kartoffelsuppe als Vorspeise: Da dürfen die Zutaten vom Feinsten sein – wie Sie auf den folgenden Seiten sehen.

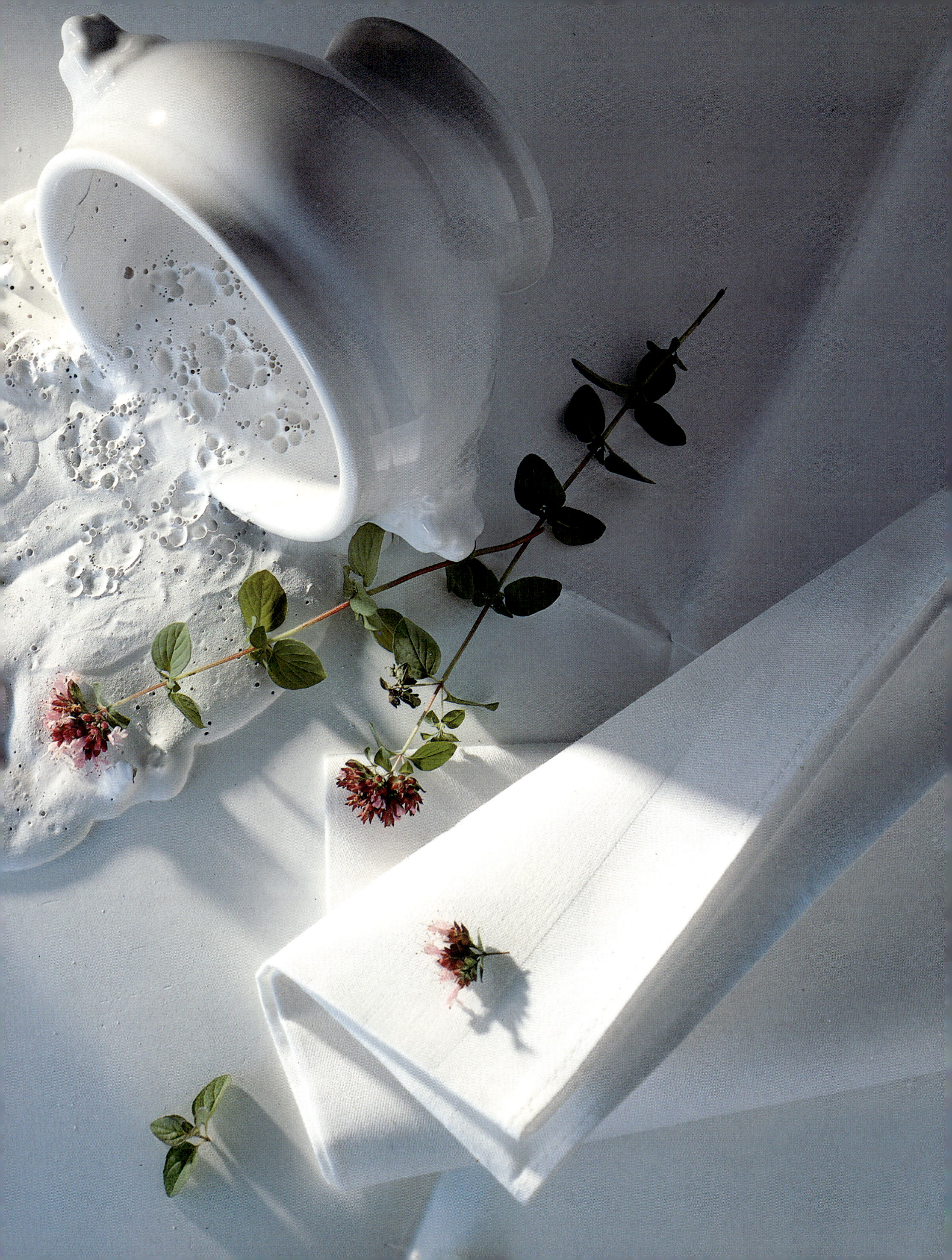

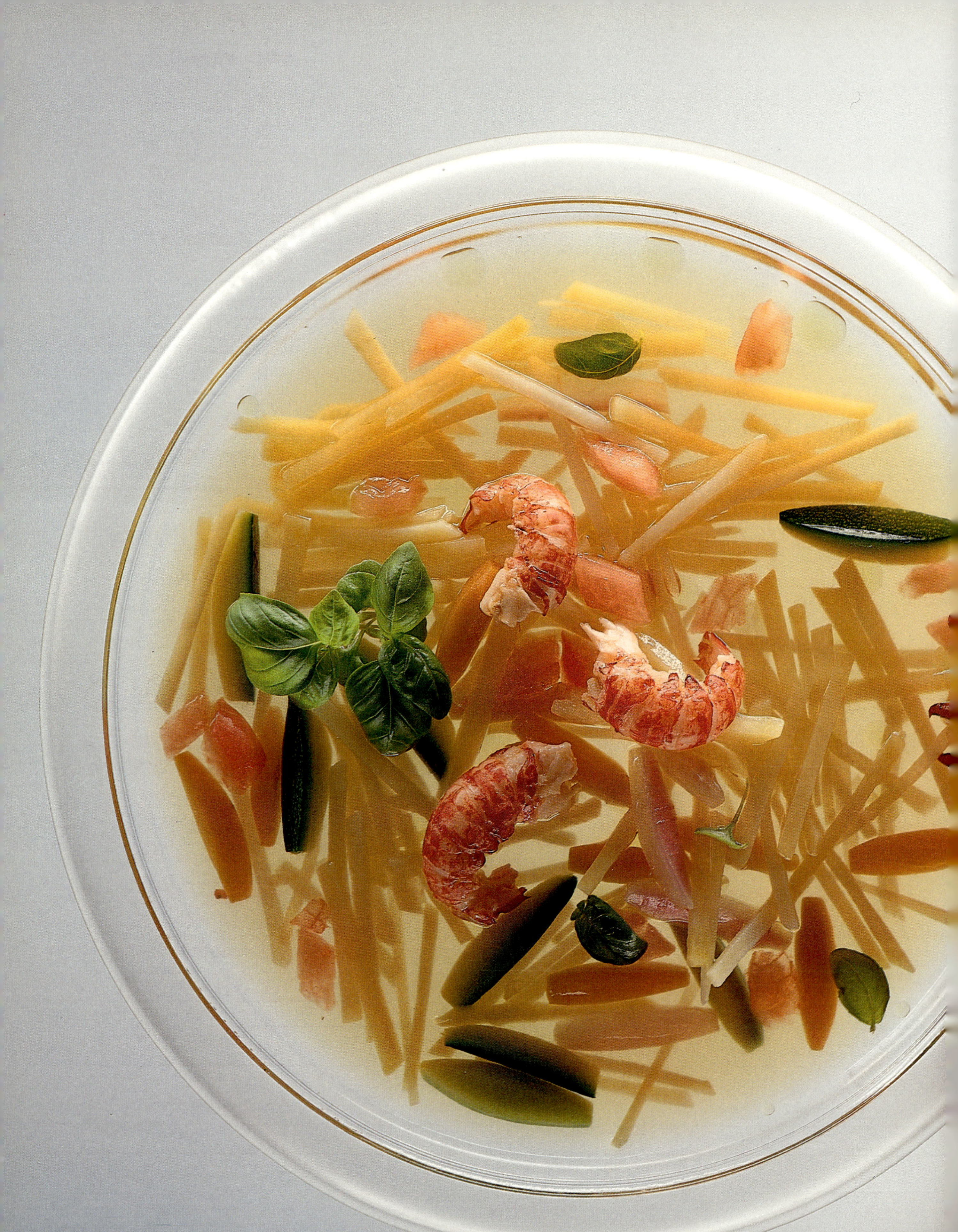

## Kartoffelconsommé mit Flußkrebsen

| |
|---|
| 12 Flußkrebse |
| 1 Zucchino |
| 1 roter Rettich |
| 2 Karotten |
| 2 gehäutete und entkernte Tomaten |
| 1 kg Kartoffeln (mehlig-fest) |
| 2 EL Öl |
| 1 l Rinderconsommé (im Glas) |
| 2 Stengel Basilikum (Blättchen gezupft) |
| Salz |
| frisch gemahlener Pfeffer |

- Flußkrebse in kochendem Salzwasser vier Minuten abkochen.
- Auf ein Sieb gießen, abkühlen lassen und schälen.
- Gemüse putzen, waschen und in fingerlange Stifte schneiden, Tomaten würfeln.
- Kartoffeln schälen, die Hälfte in Scheiben, den Rest in feine Streifen schneiden, Gemüse und Kartoffelstreifen getrennt knackig garen, auf ein Sieb gießen und kalt abschrecken.
- Öl in der Pfanne erhitzen und Kartoffelscheiben kroß anbraten.
- Die Consommé dazugeben und 10 Minuten leise köcheln lassen.
- Durch ein Sieb passieren und mit Salz und Pfeffer abschmecken.
- Kartoffel- und Gemüsestreifen in die Suppe geben, nochmals leicht erhitzen.
- Krebsfleisch auf Tellern verteilen, mit der Suppe übergießen.
- Mit Basilikumblättchen garniert servieren.

| |
|---|
| 4 Portionen |
| Pro Portion: 1804 kJ (440 kcal) |
| Salatempfehlung: — |
| Getränk: leichter Weißwein |

# Kartoffelsuppe
## »Altdeutsche Art«

| |
|---|
| 1 kg Kartoffeln (festkochend) |
| 50 g Butter |
| ¼ gewürfelter Sellerie |
| 1 gewürfelte Karotte |
| 1 EL Butter |
| 1 längs in Streifen, dann quer in Scheiben geschnittene Lauchstange |
| 1 gewürfelte Zwiebel |
| ¼ l süße Sahne |
| 4 Scheiben Weißbrot |
| 2 EL Butter |
| 1 Stengel schräg in feine Streifen geschnittenes, frisches Knoblauchgrün |
| 100 g Räucherspeck |
| Salz |
| frisch gemahlener Pfeffer |
| Muskat |

- Kartoffeln schälen und in grobe Würfel schneiden.
- Butter erhitzen, Kartoffeln, Sellerie und Karotten darin andünsten und mit kaltem Wasser bedecken.
- Bei sanfter Hitze 40 Minuten köcheln lassen.
- Die Hälfte der Suppe durchpassieren. Butter erhitzen, Lauch und Zwiebeln darin andünsten, mit der passierten Suppe sowie der unpassierten Hälfte aufgießen.
- Sahne hinzufügen und fünf Minuten köcheln lassen.
- Weißbrot würfeln, Butter erhitzen, Weißbrot darin goldbraun rösten.
- Speck würfeln und ebenfalls goldbraun ausbraten.
- Suppe mit Brotwürfeln, Speckwürfeln sowie mit Knoblauchgrün bestreut servieren.

| |
|---|
| 4 Portionen |
| Pro Portion: 2747 kJ (670 kcal) |
| Salatempfehlung: — |
| Getränk: Bier |

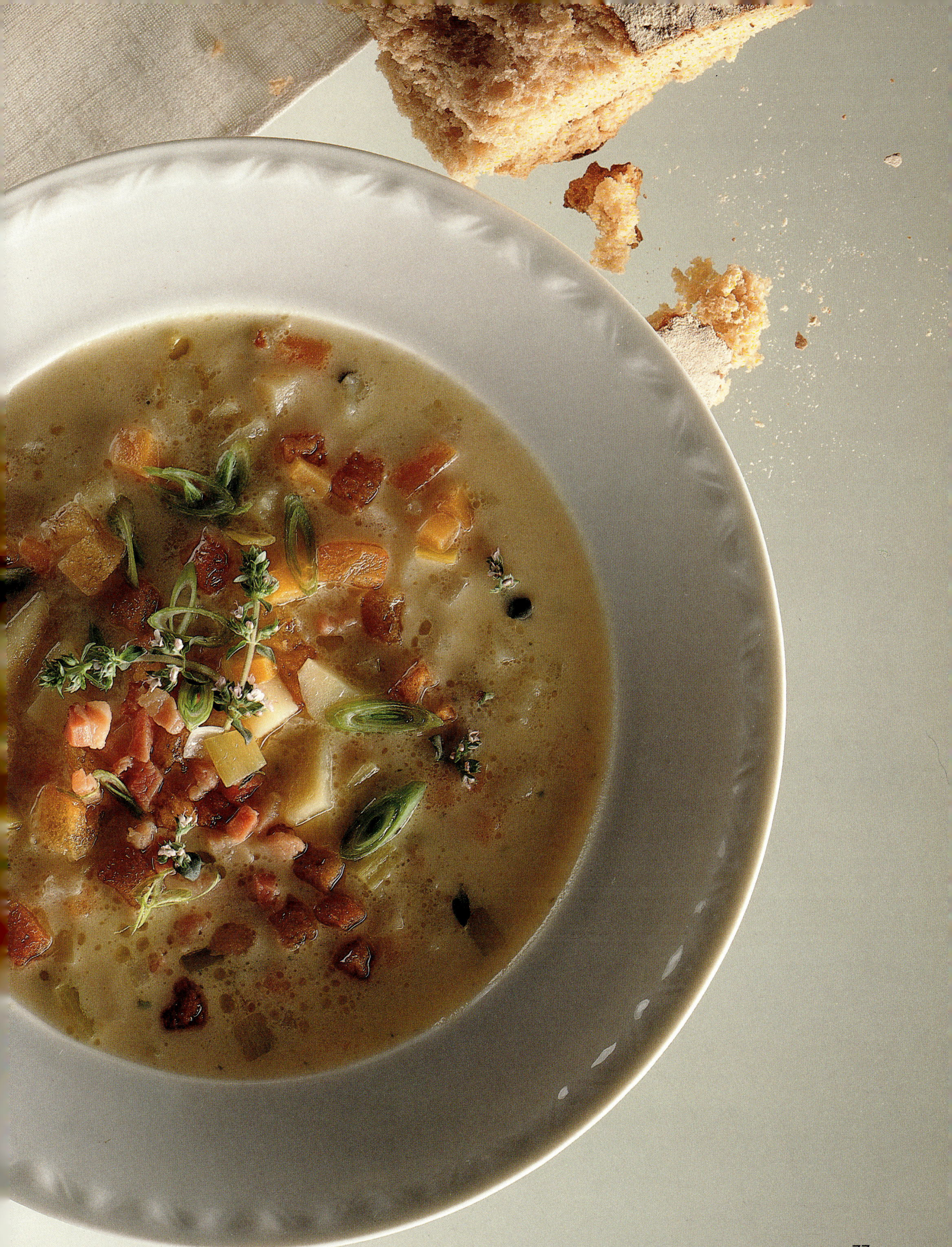

# Kartoffelsuppe mit Trüffeln

*350 g Kartoffeln (mehlig)*
*200 g süße Sahne*
*100 g Butter*
*½ l kräftig abgeschmeckte Rinderconsommé (im Glas)*
*100 g Kartoffeln (mehlig)*
*100 g Butter*
*40 g schwarze oder weiße Trüffel*
*1 Zweig gezupfter Portulak*
*Salz*
*frisch gemahlener Pfeffer*
*Muskat*

- Kartoffeln schälen, in Salzwasser etwa 20 Minuten garen und auf ein Sieb gießen.
- Durch die Kartoffelpresse drücken und mit Sahne und Butter glattrühren.
- Mit Salz, Pfeffer und Muskat würzen. Consommé dazugeben und aufkochen lassen. Mit dem Schneebesen durchrühren.
- Kartoffeln schälen und klein würfeln.
- Butter klären, erhitzen und die Kartoffel darin knusprig braten.
- Trüffel sauber bürsten.
- Kartoffelwürfel zur Suppe geben und nochmals leicht erhitzen.
- Die Suppe mit gehobelten Trüffelscheiben und Portulak bestreut servieren.

4 Portionen
Pro Portion: 2542 kJ (620 kcal)
Salatempfehlung: —
Getränk: —

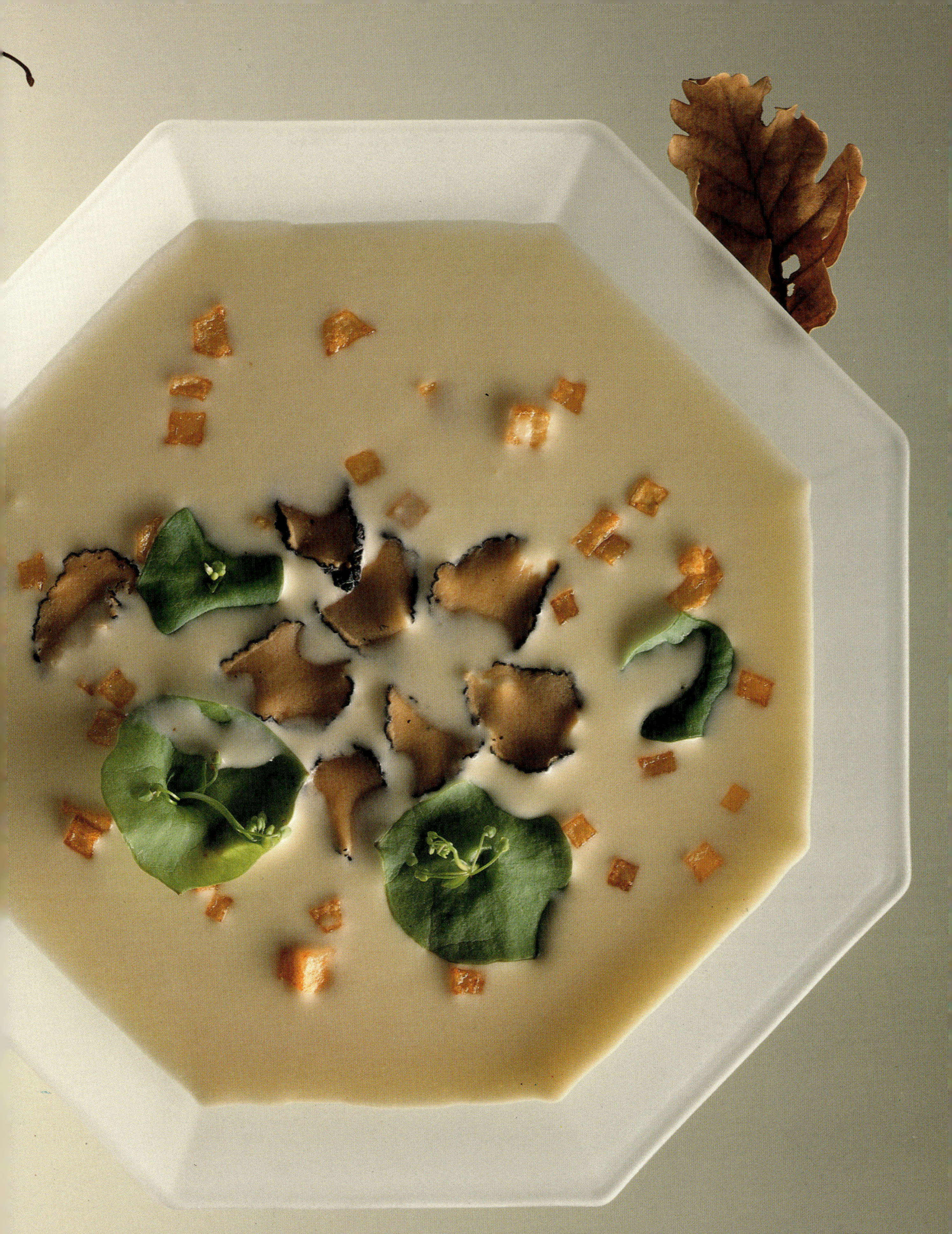

## Kartoffel-Kressesuppe

| |
|---|
| *1 Pfund Kartoffeln (mehlig)* |
| *¼ l Hühnerbrühe* |
| *¼ l steifgeschlagene süße Sahne* |
| *100 g Butter* |
| *1 feingehackte Zwiebel* |
| *1 Bund feingehackte Brunnenkresse* |
| *Salz* |
| *frisch gemahlener Pfeffer* |

- Kartoffeln schälen und grob zerteilen. In Salzwasser etwa 15 Minuten garen, auf ein Sieb gießen.
- Durch die Kartoffelpresse drücken, mit Hühnerbrühe aufgießen und durchrühren.
- Die Sahne unterheben und mit Salz und mit Pfeffer abschmecken.
- Butter erhitzen, Zwiebeln und Brunnenkresse darin andünsten, zur Suppe geben.
- Alles mit dem Stabmix pürieren.
- Nochmals leicht erwärmen.

| |
|---|
| 4 Portionen |
| Pro Portion: 1886 kJ (460 kcal) |
| Salatempfehlung: — |
| Getränk: — |

81

# EINTÖPFE

**S**ie sind die etwas rundlicheren Schwestern der Kartoffelsuppe: die Eintöpfe. Suppen zum Sattessen, mit möglichst viel drin. Wenn es draußen anfängt zu frösteln, beginnt ihre Saison, die deftigen Zutaten erwärmen Herz und Magen. Sie vertragen alle Sorten Fleisch und mögen Geräuchertes zur Geschmacksabrundung, aber immer ist es die Kartoffel als Grundzutat, die dem Eintopf seine weiche Fülle gibt.

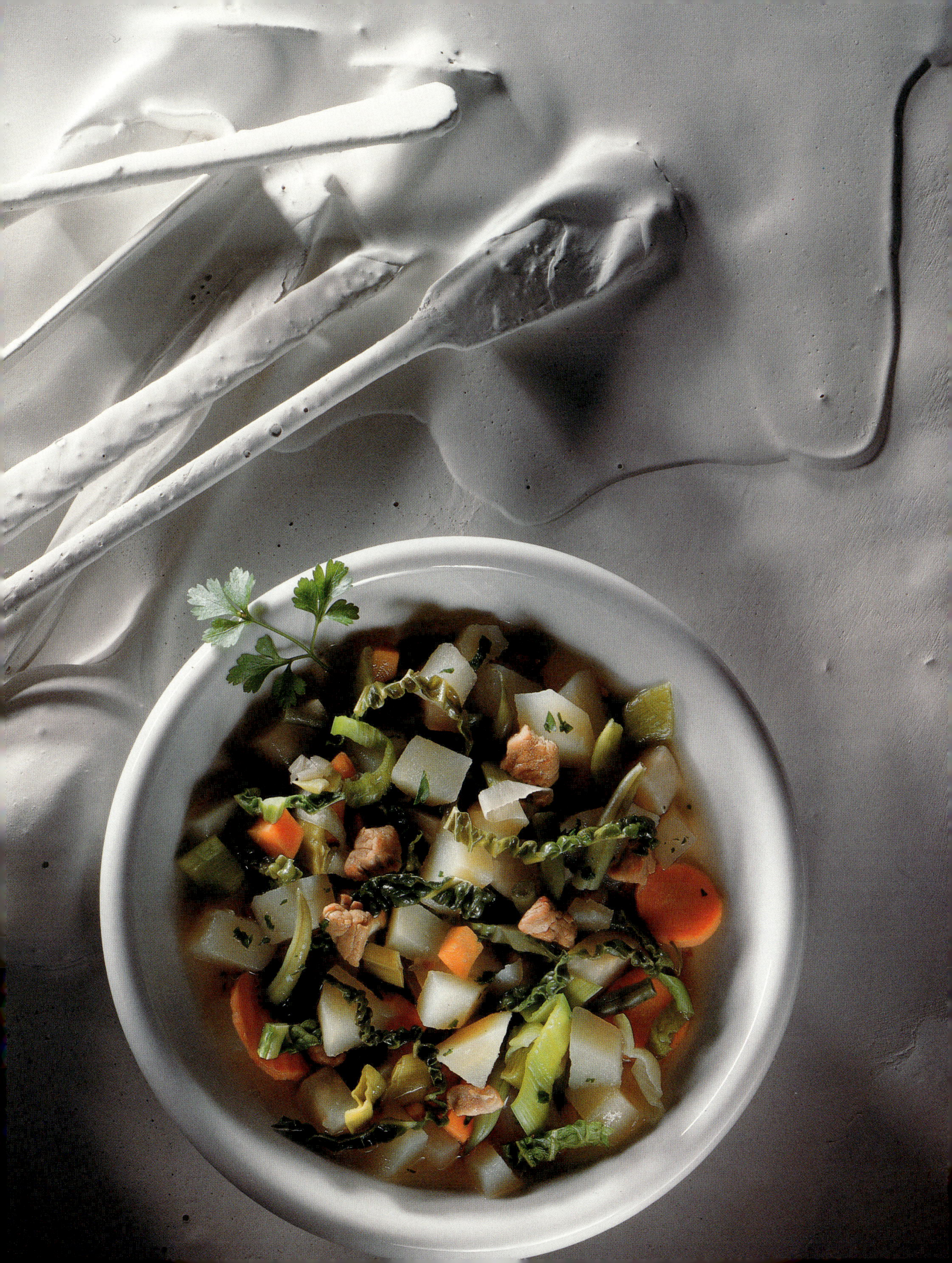

84

### Eintopf »Bäckerart«

| |
|---|
| 1½ kg Kartoffeln (festkochend) |
| 2 große Zwiebeln |
| 1 Pfund Räucherspeck |
| 1 Pfund frischer Schweinebauch |
| ½ l süße Sahne |
| ¼ l Weißwein |
| 1 Prise Zimt |
| 100 g Butter (in Flöckchen) |
| Salz |
| frisch gemahlener Pfeffer |

- Kartoffeln schälen und in 1 cm dicke Scheiben schneiden.
- Zwiebeln schälen und in Scheiben schneiden.
- Vom Speck die Schwarte abheben, den Speck in dünne Scheiben schneiden.
- Topfboden mit Speckscheiben auslegen und mit Kartoffeln und Zwiebeln auffüllen.
- Die Schwarte des Schweinebauchs in Rauten schneiden, mit Pfeffer würzen und zu den Kartoffeln geben, mit Sahne und Wein angießen.
- Mit Zimt bestreuen und die Butterflöckchen verteilen.
- Etwa 1 – 1¼ Stunden mit aufgelegtem Deckel (ohne umzurühren!) leise köcheln lassen.
- Mit Salz und Pfeffer abschmecken.

| |
|---|
| 4 Portionen |
| Pro Portion: 2071 kJ (194 kcal) |
| Salatempfehlung: — |
| Getränk: Bier – Weißwein |

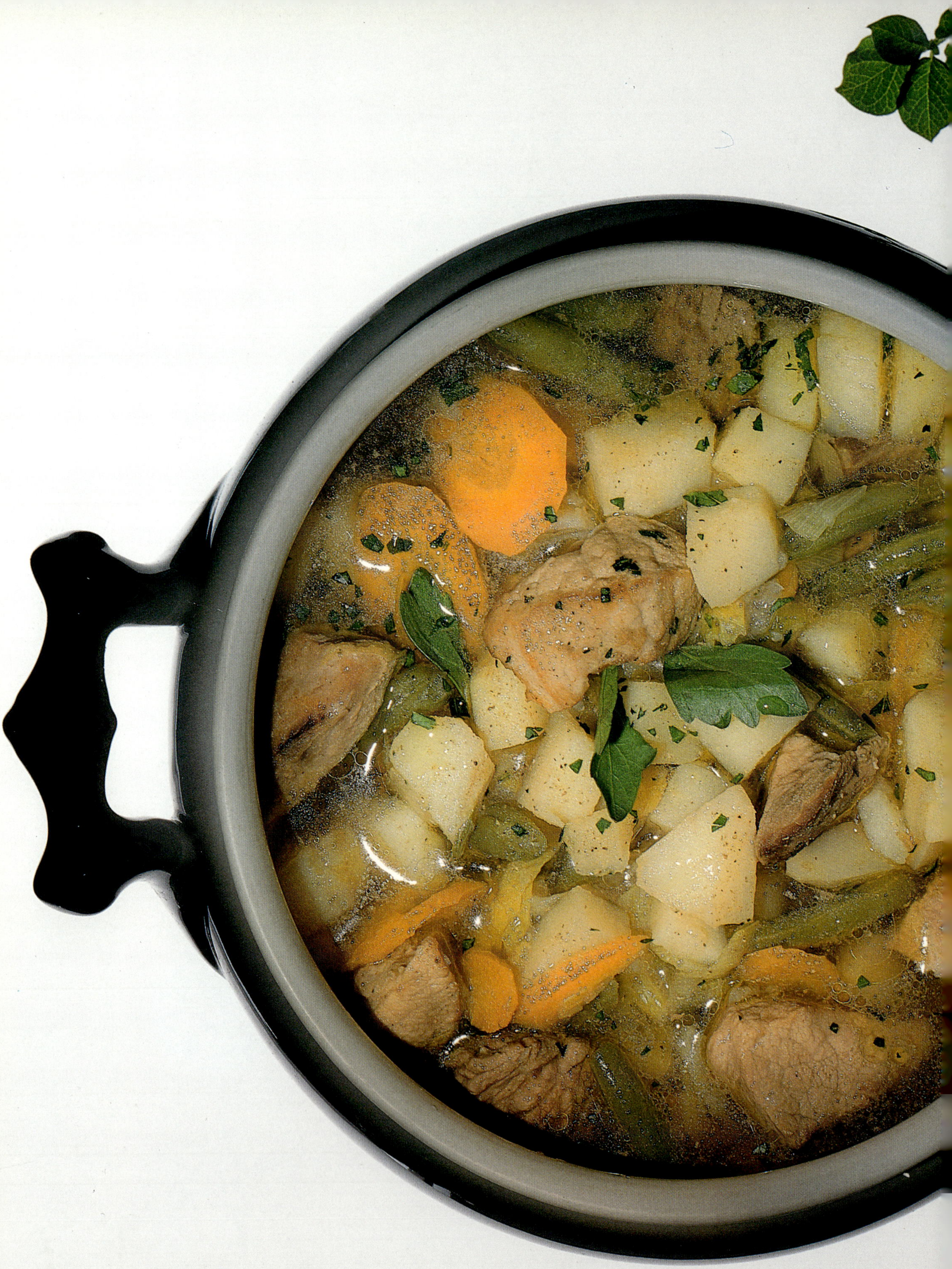

## Pichelsteiner Eintopf

*400 g Rindfleisch (aus der Keule)*
*400 g Schweinefleisch (aus der Keule)*
*1 kg Kartoffeln (festkochend)*
*4 EL Öl*
*½ gewürfelter Sellerie*
*1 Bund gewürfelte Karotten*
*1 Stange zuerst längs in Streifen, dann quer in Scheiben geschnittener Lauch*
*150 g grüne Bohnen*
*½ l Hühnerbrühe*
*1 Bund feingehackte Petersilie*
*Salz*
*frisch gemahlener Pfeffer*

● Fleisch in 1½ cm große Würfel schneiden. Kartoffeln schälen und ebenfalls in 1½ cm große Würfel schneiden.
● Öl erhitzen, die Fleischwürfel darin rundum braun anbraten, mit Salz und Pfeffer würzen.
● Topfboden mit einer Schicht von Kartoffeln und Gemüsen bedecken, darauf eine Schicht Fleisch geben und so weiterverfahren, mit einer Gemüseschicht abschließen.
● Hühnerbrühe angießen, mit Deckel verschließen und etwa 60 Minuten leise köcheln lassen.
● Nochmals mit Salz und Pfeffer abschmecken und mit Petersilie bestreut servieren.

4 Portionen
Pro Portion: 3087 kJ (753 kcal)
Salatempfehlung: —
Getränk: Bier

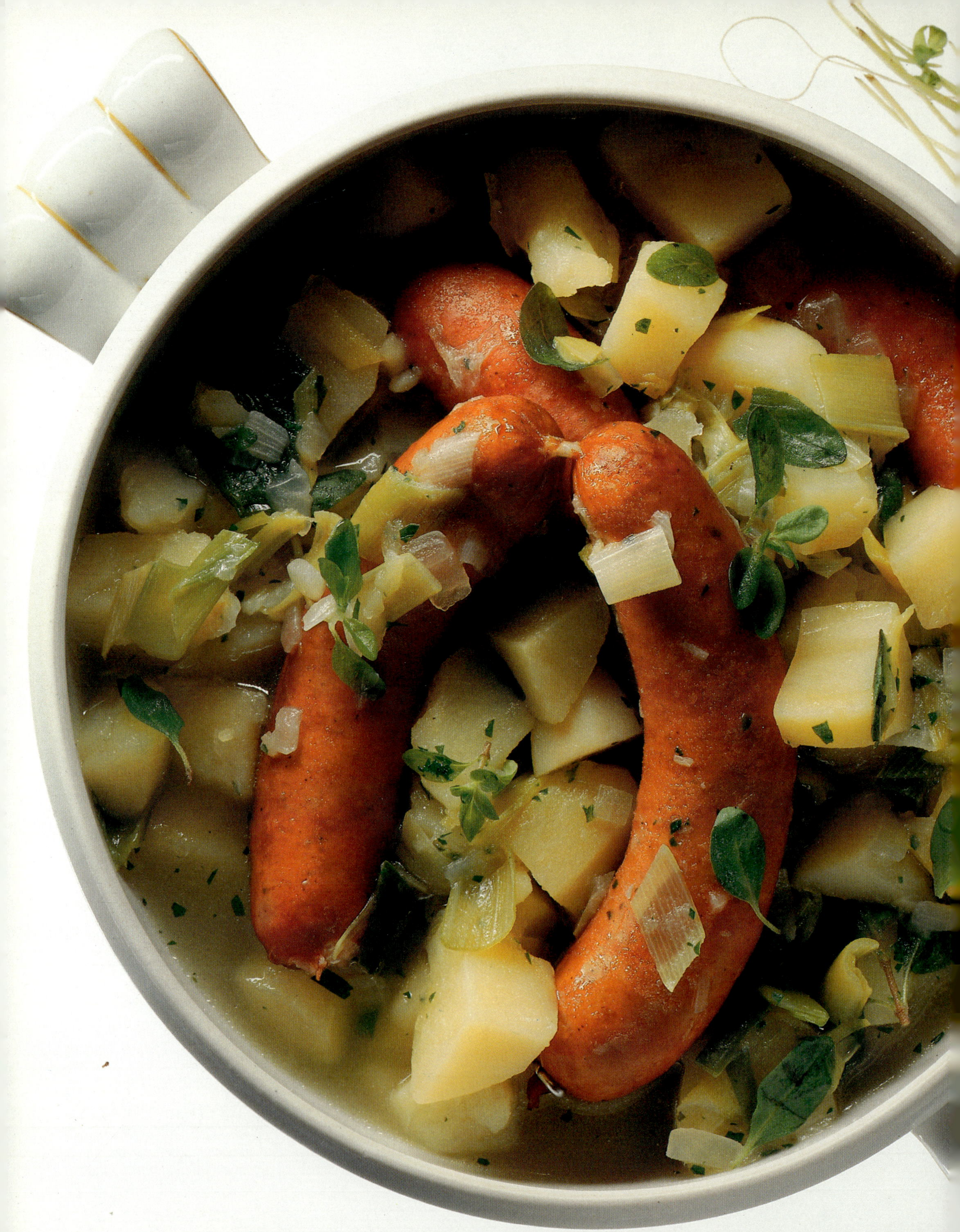

## Eintopf mit Kochwürsten

| |
|---|
| 1 kg Kartoffeln (mehlig-fest) |
| 4 Stangen Lauch |
| 1 feingehackte große Zwiebel |
| 3 EL Butter |
| 1 Bund gerupfter Majoran |
| ¾ l Hühnerbrühe |
| 4 Paar Kochwürste |
| 1 Bund feingehackte Petersilie |
| Salz |

- Kartoffeln schälen und würfeln.
- Lauch (nur die hellen Teile verwenden) der Länge nach halbieren und quer in breite Streifen schneiden.
- Butter erhitzen, Zwiebeln und Kartoffeln darin andünsten.
- Lauch, Majoran und Salz dazugeben, mit Brühe aufgießen.
- Etwa 40 Minuten leise köcheln lassen.
- Die Kochwürste dazugeben und noch 15 Minuten ziehen lassen.
- Mit Petersilie bestreut servieren.

| |
|---|
| 4 Portionen |
| Pro Portion: 2192 kJ (535 kcal) |
| Salatempfehlung: — |
| Getränk: Bier |

# PURÉES

Kindertraum Kartoffelbrei – auch als Erwachsener sollte man ihn sich öfter erfüllen. Die beste Zubereitung geht so: Mehlige (oder vorwiegend festkochende) Kartoffeln schälen und kochen. Man kann auch Pellkartoffeln nehmen, das Problem ist nur, daß diese schon beim Schälen ziemlich abkühlen. Zerkleinert werden die Kartoffeln in der Kartoffelpresse oder mit einem Kartoffelstampfer durchs Sieb (nur von oben nach unten drücken, nicht kreisen und schaben!). Nehmen Sie auf keinen Fall den Pürierstab oder Quirl. Die schnellen Drehbewegungen schwemmen zuviel Stärke aus der Kartoffel, das Pürée wird glasig und klebrig. Ob man alles gleichmäßig fein zerstampft oder ob noch Stückchen im Pürée sein dürfen, ist reine Geschmackssache. Hat es die gewünschte Konsistenz, nach und nach kochendheiße Milch aufgießen und mit dem Schneebesen <u>langsam</u> unterrühren, bis das Pürée lockerflockig ist. In dieser Phase wird auch gewürzt, mit Salz und weißem Pfeffer und geriebener Muskatnuß oder -blüte. Zum Schluß noch ein paar Butterflöckchen oder ein Schuß braune Butter drüber – und möglichst gleich auf gewärmten Tellern servieren. Kartoffelpürée schmeckt ganz frisch und ganz heiß am allerbesten!

# FARBIGE

## Grundrezept:

*500 g Kartoffeln (mehlig)*
*⅛ l heiße Milch*
*Salz*
*frisch gemahlener Pfeffer*
*Muskat*
*50 g Butter*

● Kartoffeln schälen und in Salzwasser etwa 20 Minuten garen.
● Auf ein Sieb gießen, etwas ausdämpfen lassen.
● Durch die Kartoffelpresse drücken, die Milch hinzufügen und mit dem Schneebesen durchrühren.
● Mit Salz, Pfeffer und Muskat abschmecken.
● Die Butter unterheben.

4 Portionen
Pro Portion: 829 kJ (202 kcal)

## Steinpilze:

*500 g Pürée*
*50 g Steinpilze*
*⅛ l Wasser*
*Salz*
*frisch gemahlener Pfeffer*
*Muskat*

● Pilze 20 Minuten einweichen, herausnehmen, ausdrücken und feinhacken.
● Einweichwasser durchsieben und bei starker Hitze auf die Hälfte reduzieren.
● Pilze und Wasser mit dem noch heißen Pürée verrühren, mit Salz Pfeffer und Muskat abschmecken.

4 Portionen
Pro Portion: 451 kJ (110 kcal)

# PÜRÉES

### Rote Bete:

*500 g Pürée*
*50 g Butter*
*⅛ l heißer Rote-Bete-Saft*
*Salz*
*frisch gemahlener Pfeffer*

● Das noch heiße Pürée mit Butter und Saft verrühren, mit Salz und Pfeffer abschmecken.

4 Portionen
Pro Portion: 865 kJ (211 kcal)

### Kräuter:

*500 g Pürée*
*½ Bund feingeschn. Schnittlauch*
*½ Bund feingehackte Petersilie*
*20 g feingehackter Kerbel*
*(weitere Kräuter nach Geschmack)*
*50 g Butter*
*Salz*
*frisch gemahlener Pfeffer*
*Muskat*

● Kräuter zum noch heißen Pürée geben und durchrühren, Butter hinzufügen und durchschlagen.
● Mit Salz, Pfeffer und Muskat abschmecken.

4 Portionen
Pro Portion: 836 kJ (204 kcal)

### Safran:

*500 g Pürée*
*50 g Butter*
*⅛ l Milch*
*2 Döschen Safranfäden*

● Das Pürée mit der Butter vermischen.
● Safran in die Milch geben, kurz aufkochen.
● Die Milch mit dem Pürée vermischen.
● Mit Salz und Pfeffer abschmecken.

4 Portionen
Pro Portion: 840 kJ (205 kcal)

## Babysteinbutt mit Safransauce und Rote-Bete-Pürée

| |
|---|
| *4 Filets vom Babysteinbutt* |
| *1 EL Butter* |
| *1 feingehackte Schalotte* |
| *0,1 l Weißwein* |
| *2 Döschen Safranfäden* |
| *100 g Crème fraîche* |
| *100 g steifgeschlagene, süße Sahne* |
| *Salz* |
| *frisch gemahlener Pfeffer* |

- Steinbuttfilets mit Salz und Pfeffer würzen.
- Kasserolle mit Butter einfetten, Schalotte darüberstreuen und Fischfilets darauflegen.
Wein angießen und mit Deckel verschließen. Bei starker Hitze aufkochen, auf kleiner Flamme 3 Minuten ziehen lassen.
- Fischfilets herausnehmen und warmhalten.
- Safran zum Fischsud geben, bei starker Hitze auf 1/3 der Flüssigkeitsmenge reduzieren. Crème fraîche hinzugeben und nochmals auf die Hälfte reduzieren.
- Sahne vorsichtig unterheben, mit Salz und Pfeffer abschmecken.
- Fischfilets mit der Sauce servieren.

Rezept Rote-Bete-Pürée: Seite 93

| |
|---|
| 4 Portionen |
| Pro Portion: 2751 kJ (671 kcal) |
| Salatempfehlung: — |
| Getränk: Weißwein |

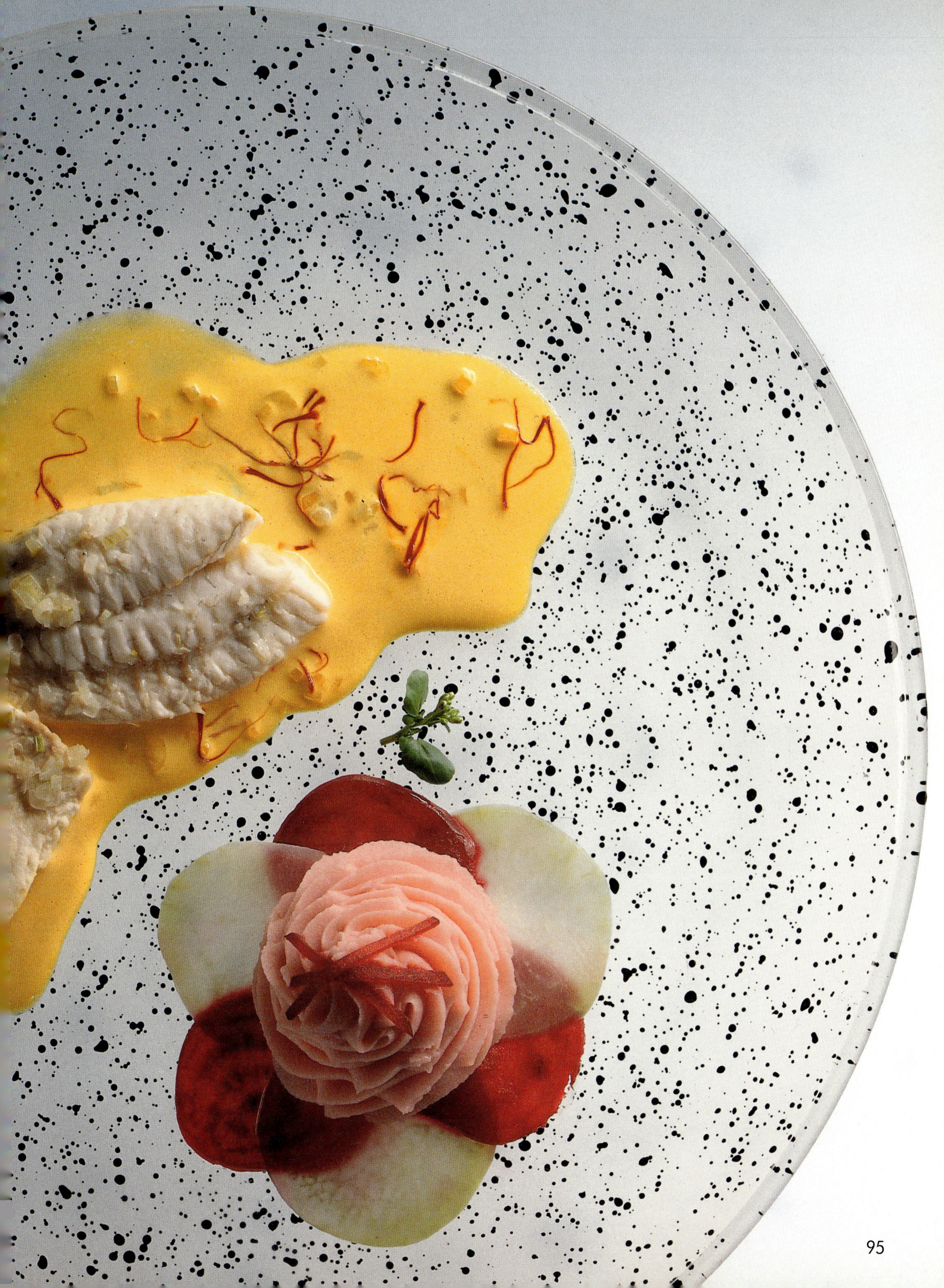

## Himmel und Erde

1,5 kg Kartoffeln (mehlig)
⅛ l süße Sahne
100 g Butter
1 Eigelb
Salz
frisch gemahlener Pfeffer
Muskat
3 EL Öl
1 Blutwurstring
2 große, in Scheiben geschnittene Zwiebeln
20 g Butter
3 ungeschälte, in Scheiben geschnittene Äpfel
1 EL Mehl
20 g Butter

- Kartoffeln schälen, grob zerteilen und etwa 20 Minuten in Salzwasser garen.
- Auf ein Sieb gießen und ausdampfen lassen.
- Durch die Kartoffelpresse drücken.
- Sahne mit Butter aufkochen und unter das Püree mischen, Eigelb dazugeben und alles verrühren.
- Mit Salz, Pfeffer und Muskat abschmecken.
- Öl in der Pfanne erhitzen, Wurstring unter häufigem Wenden 10 Minuten braten.
- Butter erhitzen, Zwiebeln darin goldbraun dünsten.
- Apfelscheiben in Mehl wenden.
- Butter erhitzen und Apfelscheiben darin goldbraun braten.
- Wurstring in 8 Stücke geteilt, mit Zwiebeln und Äpfeln auf dem Püree verteilen.

4 Portionen
Pro Portion: 3411 kJ (832 kcal)
Salatempfehlung: —
Getränk: Bier

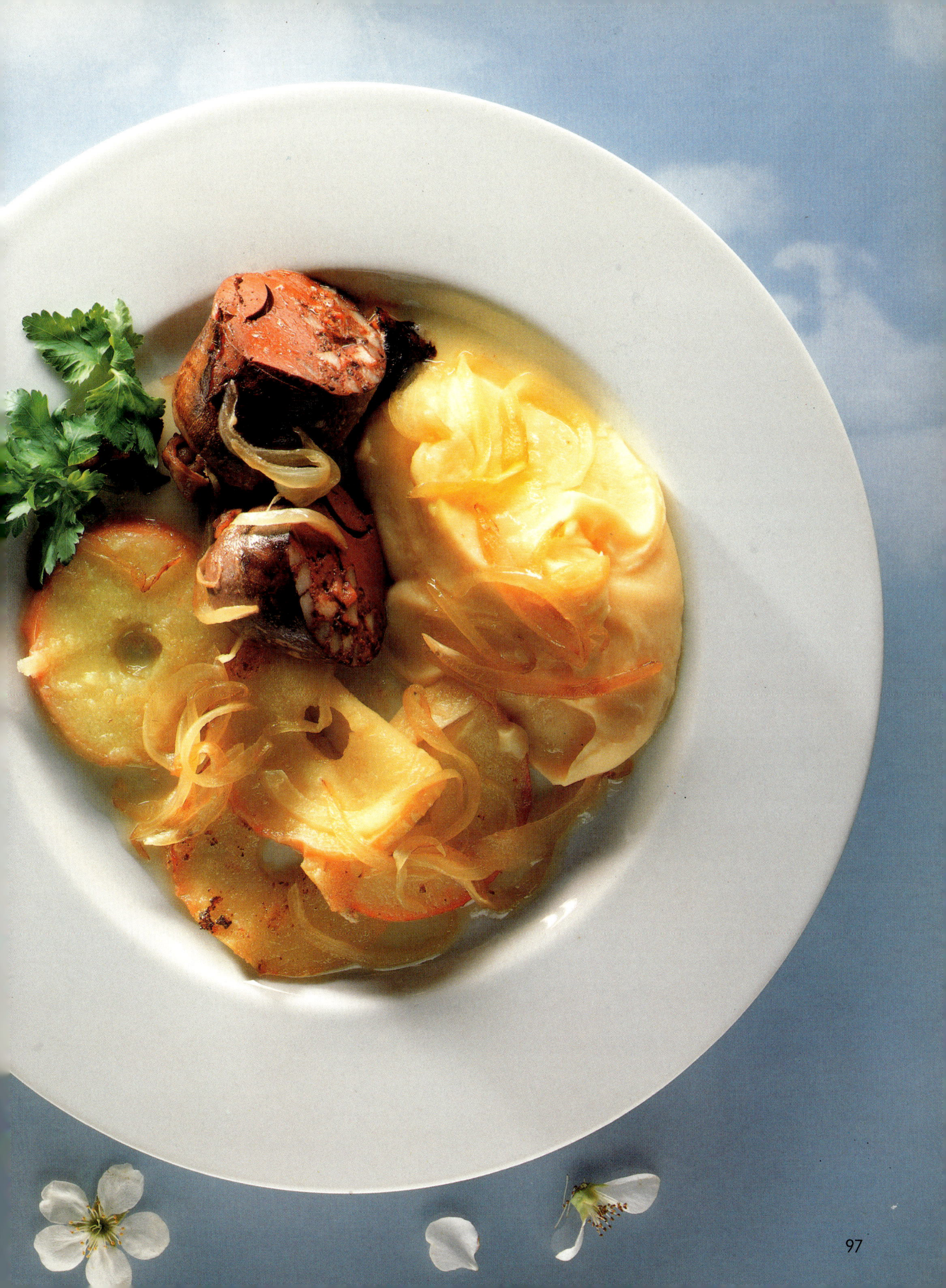

## Flugentenbrust in Schalottenbutter

| |
|---|
| 4 ausgelöste Entenbrüste |
| 1 EL Öl |
| 1 EL Butter |
| 4 feingehackte Schalotten |
| ⅜ l Rotwein |
| 100 g Butter (eisgekühlte Stückchen) |
| Salz |
| frisch gemahlener Pfeffer |

- Entenbrüste mit Küchenkrepp abtupfen.
- Öl und Butter in Kasserolle erhitzen, die Entenbrüste darin rundum anbraten.
- Mit Salz und Pfeffer würzen und im 200 Grad heißen Backofen etwa 10–15 Minuten (je nach Größe) rosig braten, dabei häufig mit dem Bratensaft begießen.
- Herausnehmen und in Alufolie verpackt 5 Minuten ruhen lassen.
- Das Bratfett aus der Kasserolle abgießen, Butter hineingeben und die Schalotten darin andünsten.
- Mit Rotwein ablöschen und bei starker Hitze auf ⅓ der Flüssigkeitsmenge reduzieren.
- Die Sauce mit der Butter unter ständigem Schlagen mit dem Schneebesen montieren.
- Die Entenbrüste in dünne Scheiben schneiden und mit der Sauce auf Teller verteilen.

## Herzogin-Kartoffeln

| |
|---|
| 1 kg Kartoffeln (mehlig) |
| 2 Eigelb |
| 100 g süße Sahne |
| Muskat |
| etwas Öl |
| Salz |
| frisch gemahlener Pfeffer |

- Kartoffeln schälen, halbieren und in Salzwasser etwa 20 Minuten garen.
- Auf ein Sieb gießen und ausdampfen lassen.
- Durch die Kartoffelpresse drücken.
- Sahne aufkochen und zur Kartoffelmasse geben.
- Eigelb hinzufügen und alles kräftig verrühren.
- Mit Salz, Pfeffer und Muskat abschmecken.
- Die Masse in einen Spritzbeutel mit großer Sterntülle geben.
- Backblech mit Öl einfetten und kleine Rosetten darauf spritzen.
- Im 200–220 Grad heißen Backofen etwa 10–12 Minuten bräunen lassen.

| |
|---|
| 4 Portionen |
| Pro Portion: 3017 kJ (736 kcal) |
| Salatempfehlung: 2 |
| Getränk: kräftiger Rotwein |

99

# KNÖDEL & KLÖSSE

**K**nödel und Klöße, das sind Kartoffeln in Perfektion. Und Übungen in Geduld. Denn nicht immer werden die runden Kugeln schon beim ersten Versuch perfekt: Mal sind sie hart wie ein Tennisball, mal fallen die Dinger schon beim Kochen auseinander. Für rohe Klöße braucht man fast ein Krafttraining, um die Kartoffeln auszupressen. Das Teigkneten für gekochte Knödel wiederum erfordert ein ausgesprochen feines Fingerspitzengefühl. Und immer wird das Ergebnis nur so gut wie das Grundprodukt – die mehlige Kartoffel! Bevor Sie also mit dem Kunstwerk Knödel/Kloß beginnen, suchen Sie nach einer mehligkochenden Kartoffelsorte, zum Beispiel Aula, die ist schön gelb und hat einen ausgeprägten Geschmack. Danach vertrauen Sie auf Ihre glückliche Hand – und auf die Rezepte auf den folgenden Seiten. Sie sind alle mehrfach ausprobiert.

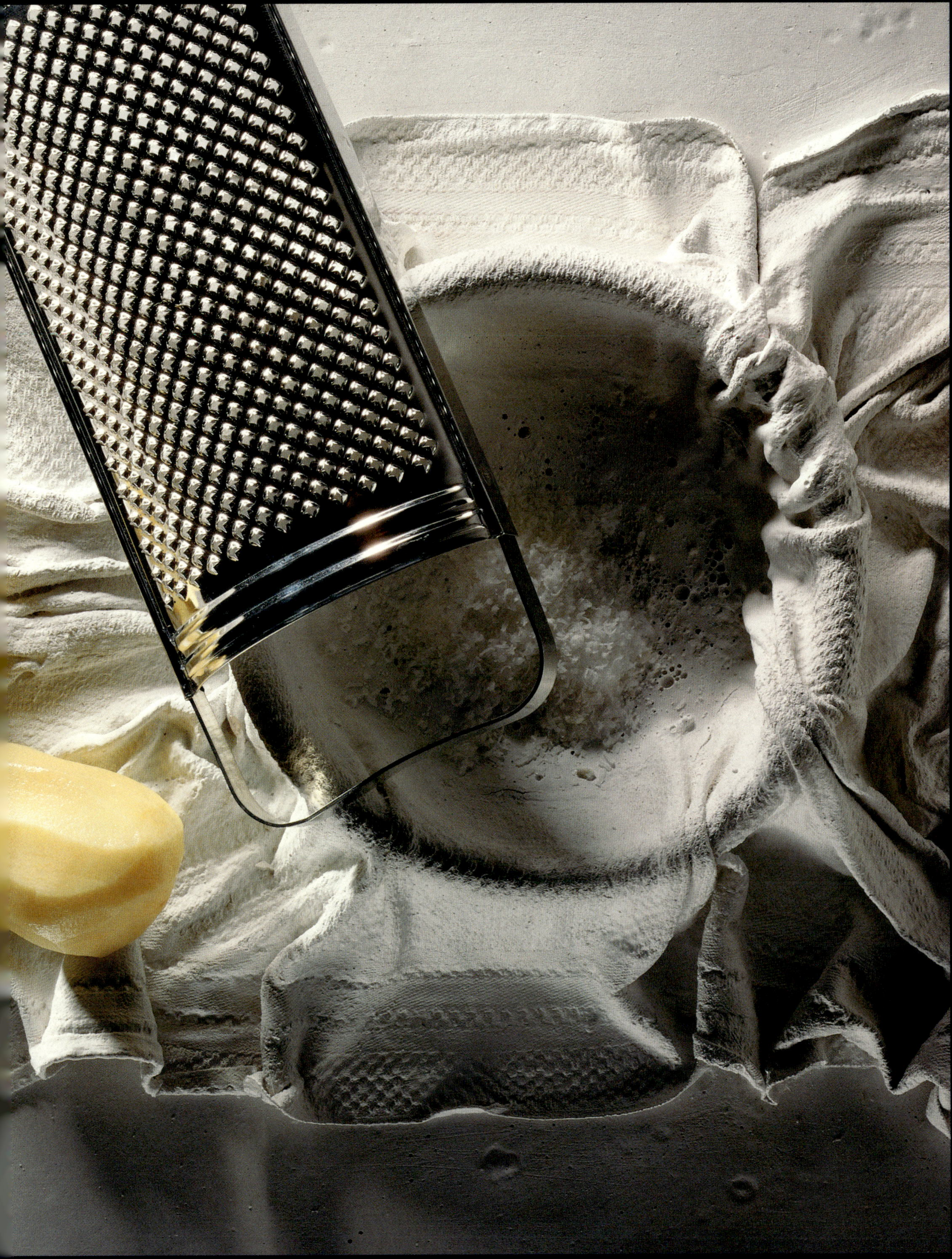

## Nackenfleisch mit Zwiebel-Specksauce und Sauerkraut

*750 g durchwachsener Schweinenacken*
*2 EL Schmalz*
*150 g durchwachsener Räucherspeck*
*1 feingehackte Gemüsezwiebel*
*⅛ l Weißwein*
*⅛ l süße Sahne*
*1 Bund feingehackter Majoran*
*100 g Schmalz*
*1 in Scheiben geschnittene Zwiebel*
*750 g Sauerkraut*
*1 Lorbeerblatt*
*1 mit drei Nelken gespickte Zwiebel*
*½ l Weißwein*
*1 Stück Speckschwarte*
*Salz, frisch gemahlener Pfeffer*
*gemahlener Kümmel*

● Das Fleisch mit Salz, Pfeffer und Kümmel würzen.
● Das Schmalz in der Kasserolle erhitzen und das Fleisch darin rundum anbraten. Mit dem Deckel verschließen und im 200 Grad heißen Backofen etwa 45 Minuten garen, dabei häufiger wenden.
● Den Braten herausnehmen und in Alufolie verpackt ruhen lassen.
● Das Bratfett abgießen.
● Den Speck in feine Streifen schneiden.
● Die Kasserolle mit dem Bratenfond erhitzen und die Zwiebel darin andünsten.
● Den Speck hinzufügen und leicht bräunen.
● Mit dem Wein ablöschen und etwas die Flüssigkeitsmenge reduzieren.
● Die Sahne hinzufügen und die Flüssigkeitsmenge nochmals reduzieren.
● Den Majoran zugeben, mit Pfeffer und eventuell mit Salz abschmecken.
● In einem Topf das Schmalz erhitzen und die Zwiebel darin andünsten.
● Das Sauerkraut dazugeben und durchrühren. Lorbeer und Nelkenzwiebel dazugeben und mit Wein ablöschen.
● Die Speckschwarte auf das Sauerkraut legen, mit dem Deckel verschließen und bei schwacher Hitze 40 Minuten garen.
● Mit Salz und Pfeffer abschmecken.

4 Portionen
Pro Portion: 7523 kJ (1835 kcal)
Salatempfehlung: —
Getränk: Bier

## Kartoffelklöße halb und halb

*1 kg rohe Kartoffeln (festkochend)*
*250 g Pellkartoffeln (festkochend)*
*200 g Mehl*
*2 EL Schmalz*
*1 feingehackte Zwiebel*
*Salz*

● Rohe Kartoffeln waschen, schälen und auf der Kartoffelreibe reiben.
● Kartoffelmasse in ein Tuch geben und gut auswringen.
● Pellkartoffeln schälen und ebenfalls reiben.
● Beide Kartoffelmassen miteinander vermischen, Mehl hinzufügen und gut verrühren.
● Schmalz in der Pfanne erhitzen, die Zwiebel darin andünsten, zum Teig geben, alles miteinander verkneten und mit Salz abschmecken.
● Mit angefeuchteten Händen etwa tennisballgroße Klöße aus dem Teig formen.
● Die Klöße auf 10 × 20 cm große Leinentücher legen und zubinden.
● Die Klöße in kochendes Salzwasser einlegen, bei reduzierter Hitze etwa 40 Minuten garen.

103

# Thüringer Klöße

*5 Scheiben entrindetes Kastenweißbrot*
*4 EL Öl*
*3 Pfund große Kartoffeln (mehlig und möglichst »alte«)*
*⅛ l Milch*
*50 g Grieß*
*200 g Mehl*
*1–2 TL Salz*
*Muskat*

- Brot würfeln, Öl in der Pfanne erhitzen und die Würfel darin goldbraun rösten.
- Kartoffeln schälen und auf der gezackten Kartoffelreibe reiben.
- Kartoffelmasse in ein Tuch geben und gründlich auswringen.
- Kartoffelmasse dann in Wasser geben, abseihen und nochmals auswringen (die Masse muß sehr trocken sein).
- Milch mit Grieß einmal aufkochen, zur Kartoffelmasse geben und unterrühren.
- Das Mehl hinzufügen, die Kartoffelmasse zunächst kräftig schlagen und dann kneten.
- Mit Salz und Muskat würzen.
- Mit angefeuchteten Händen große Klöße formen, in jeden Kloß drei Brotwürfel geben und in kochendes Salzwasser einlegen.
- Hitze reduzieren, die Klöße in leise siedendem Wasser etwa 40 Minuten garen.

*4 Portionen*
*Pro Portion: 2345 kJ (572 kcal)*

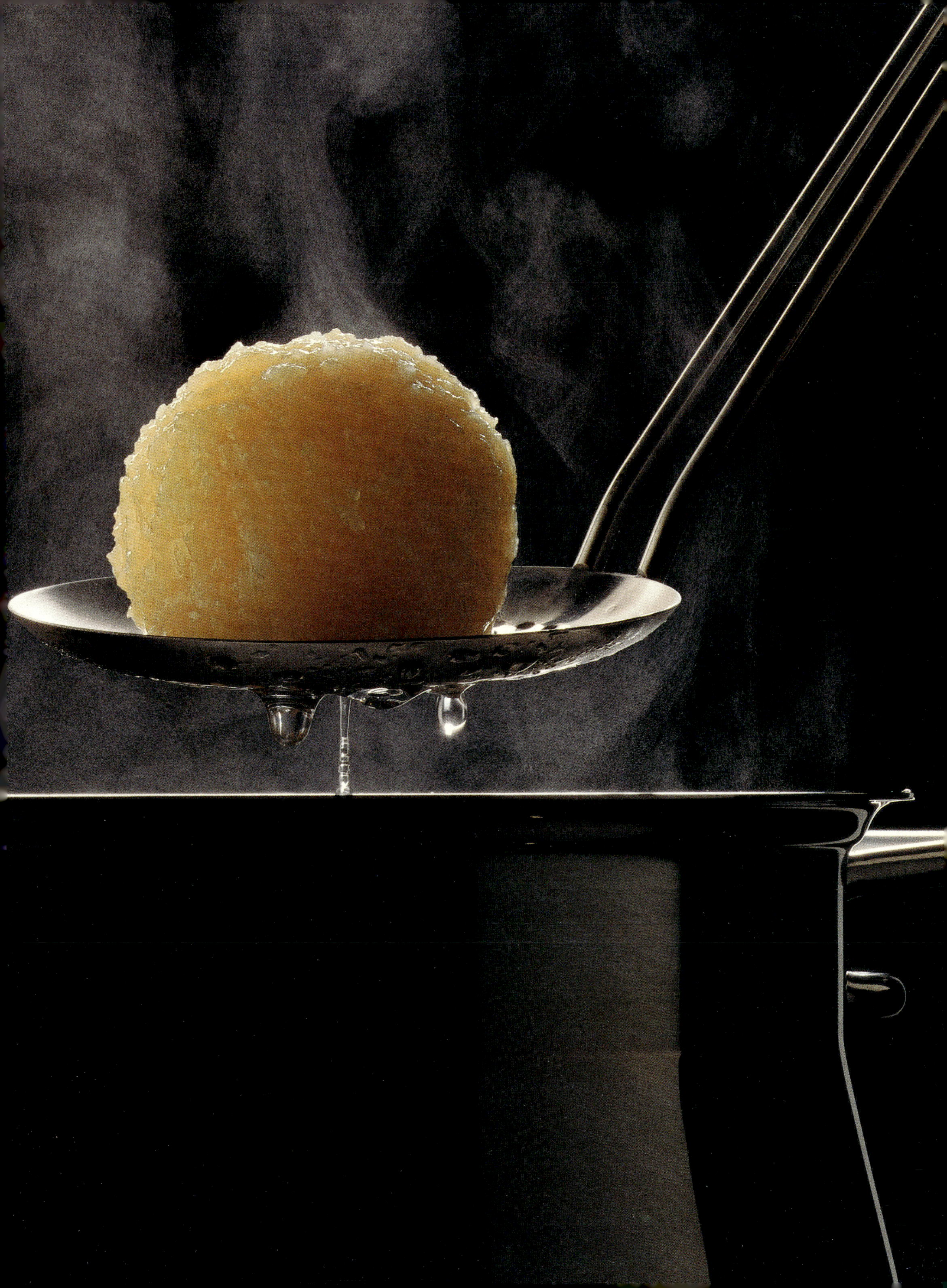

# Gänsebrust mit Apfelrotkraut

| |
|---|
| 2 mittelgroße Gänsebrüste |
| 20 g Butter |
| 2 EL Öl |
| 1 kleingehackte Entenkarkasse (oder ein 1 Glas Geflügelfond) |
| 1 Bund kleingehacktes Suppengrün |
| 3 EL Mehl |
| ¼ l Rotwein |
| ¼ l Wasser |
| 10 weiße Pfefferkörner |
| 100 g Butter (eisgekühlte Stückchen) |
| 1 EL Crème fraîche |
| Salz, frisch gemahlener Pfeffer |
| 1 EL Schmalz |
| 1 feingehackte Gemüsezwiebel |
| 1 Dose Rotkraut (530 g Einwaage) |
| ⅛ l Cidre (Apfelmost) |
| 1 Apfel (Boskop) |
| 1 EL Apfelgelee |

- Gänsebrüste mit Salz und Pfeffer würzen.
- Butter und Öl in der Bratreine erhitzen, Brüste darin goldbraun anbraten.
- Karkasse und Suppengemüse dazugeben und ebenfalls kurz anbraten.
- Im 200 Grad heißen Backofen etwa 20–30 Minuten braten, dabei häufiger mit dem Bratfett begießen.
- Brüste aus dem Schmortopf nehmen, in Alufolie verpackt warmhalten.
- Karkassen-Gemüsemischung mit Mehl bestäuben, mit Rotwein und Wasser ablöschen und Pfefferkörner hinzufügen.
- Bei starker Hitze Flüssigkeit auf die Hälfte reduzieren.
- Sauce durchsieben und noch 5 Minuten köcheln lassen.
- Butter mit dem Schneebesen in die Sauce montieren, mit Salz und Pfeffer abschmecken.
- Crème fraîche unterziehen.
- Gänsebrüste mit Rotkraut und Sauce servieren.
- Schmalz in der Kasserolle erhitzen, die Zwiebel darin andünsten.
- Rotkraut zugeben, durchrühren und mit Cidre ablöschen.
- Auf kleiner Flamme 10 Minuten garen.
- Apfel entkernen, vierteln und in schmale Spalten schneiden.
- Zum Rotkraut geben und weitere 20 Minuten sanft garen.
- Mit Apfelgelee, Salz und Pfeffer abschmecken.

Dazu: Thüringer Klöße, Rezept Seite 104

| |
|---|
| 4 Portionen |
| Pro Portion: 1898 kJ (463 kcal) |
| Salatempfehlung: — |
| Getränk: kräftiger Rotwein |

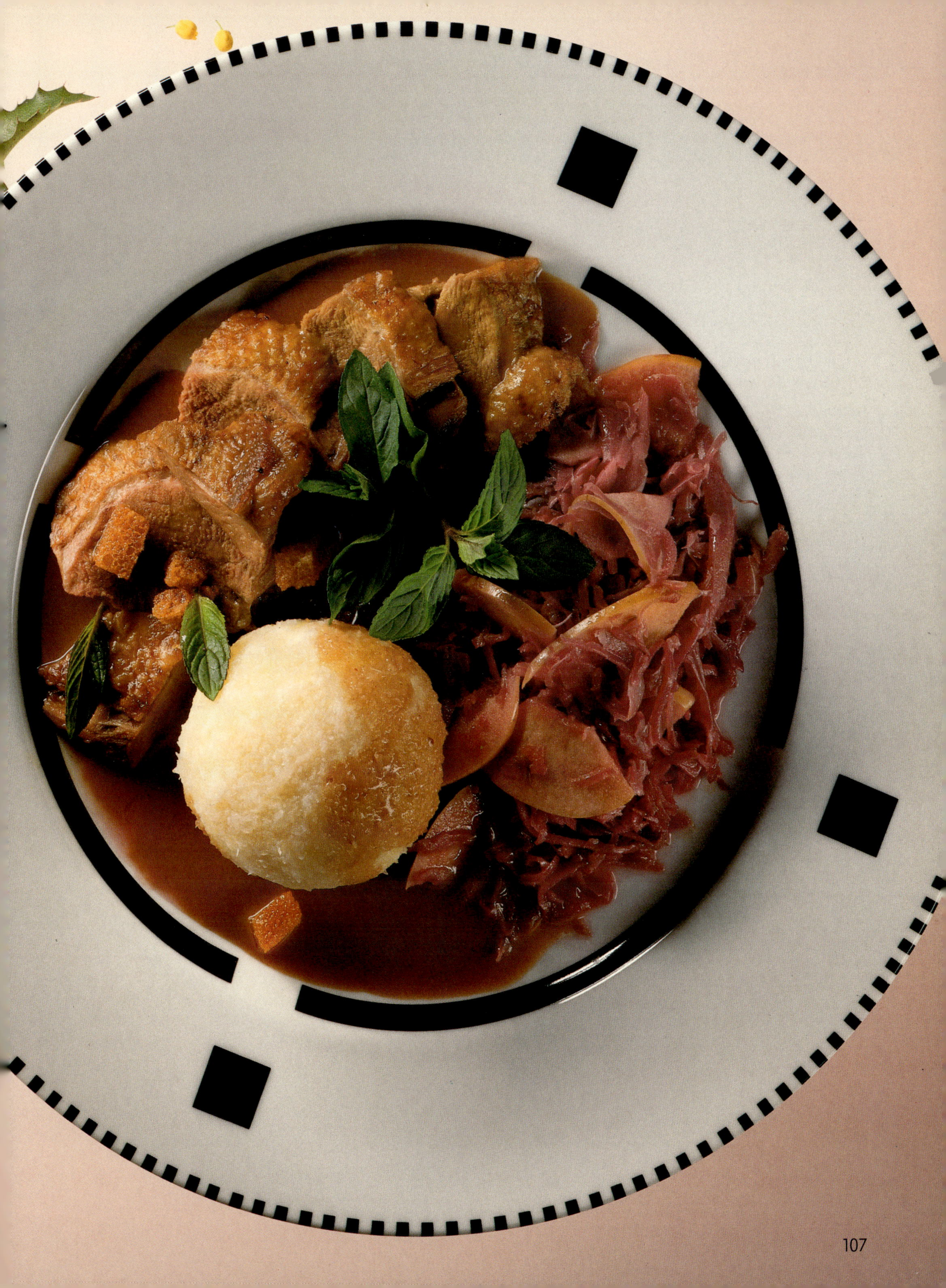

## Seezunge

12 Seezungenfilets
1 EL Butter
2 feingehackte Schalotten
1/8 l Weißwein
200 g Crème fraîche
100 g frisch geriebener Merrettich
1/2 Bund feingeschnittener Sauerampfer
Salz
frisch gemahlener Pfeffer

- Seezungenfilets mit dem Messer glattstreichen und zusammenrollen.
- Kasserolle ausfetten, die Schalotten hineingeben und mit Salz und Pfeffer würzen.
- Fischröllchen darauflegen und mit Wein angießen.
Kasserolle mit dem Deckel verschließen, aufkochen und bei reduzierter Hitze etwa 2 Minuten garen.
- Fischröllchen herausnehmen und warmhalten.
- Den Sud durchsieben.
- Sud bei starker Hitze auf 1/3 der Flüssigkeitsmenge reduzieren, Crème fraîche hinzufügen, und auf 3/4 reduzieren.
- Merrettich in die Sauce einrühren, Fischröllchen und Krabben dazugeben und 1 Minute vorsichtig erwärmen, Sauerampfer hinzufügen.
- Fischröllchen mit Sauce und Klößchen servieren.

## Soufflierte Kartoffelklößchen

750 g Pellkartoffeln (Bio/mehlig)
1 Eigelb
100 g steifgeschlagene süße Sahne
6 EL Mehl
3 steifgeschlagene Eiweiß
etwas Salz
Muskat

- Kartoffeln kochen, pellen und abkühlen lassen.
- Durch die Kartoffelreibe reiben, Eigelb und Sahne dazugeben und verrühren.
- Mehl hinzufügen und unterrühren.
- Die Hälfte der Eiweißmasse vorsichtig unterheben, dann nach und nach den Rest zugeben und mit Salz und Muskat abschmecken.
- Mit dem Suppenlöffel Klößchen davon abstechen, in kochendes Salzwasser einlegen und bei sanfter Hitze etwa 20 Minuten ziehen lassen.

4 Portionen
Pro Portion: 1558 kJ (380 kcal)
Salatempfehlung: —
Getränk: Weißwein

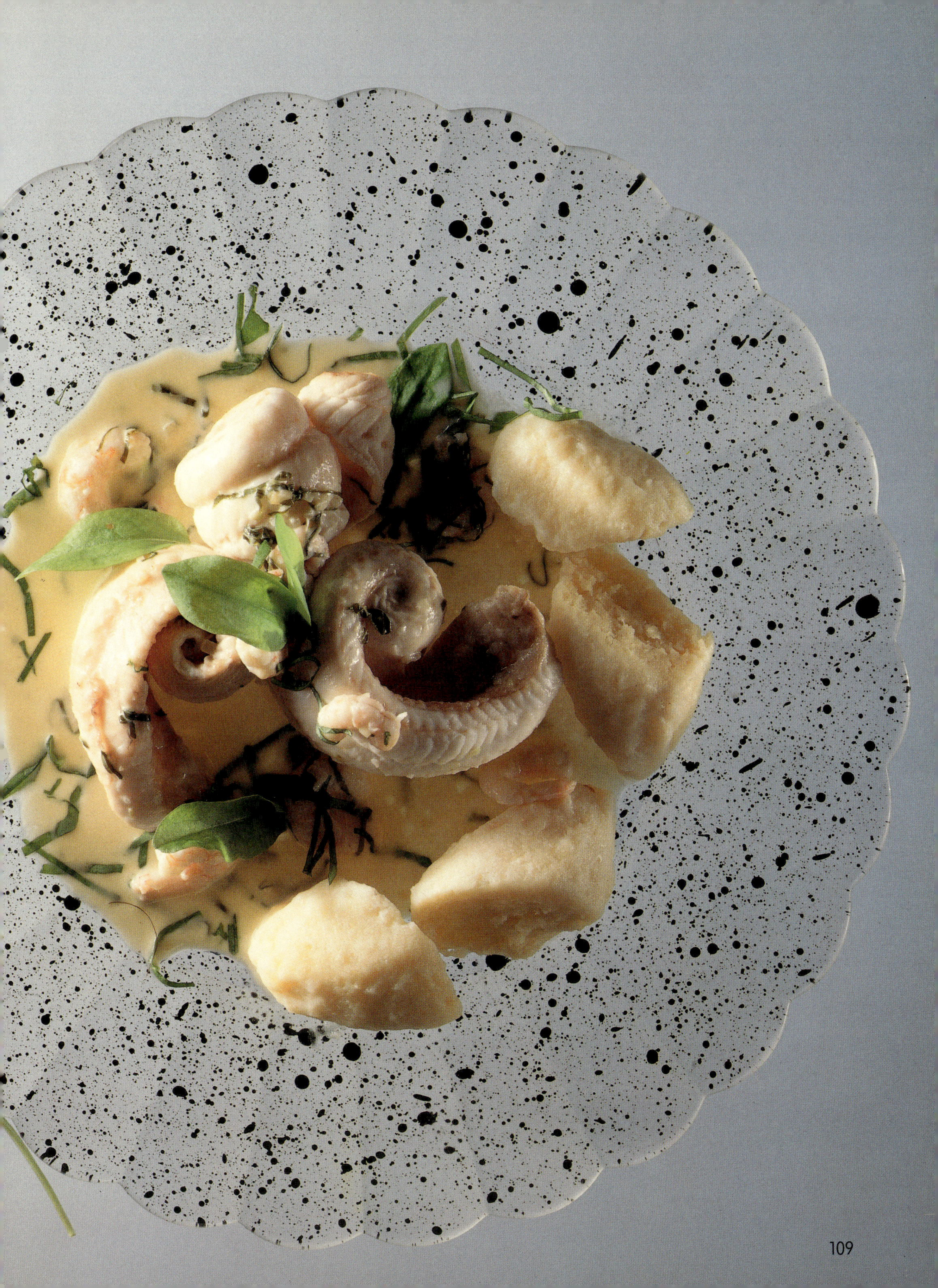

## Pilzknödel

| |
|---|
| 250 g gemischte Pilze (z.B. Champignons, Steinpilze, Shitake) |
| 1 EL Butter |
| 1 feingehackte Schalotte |
| 400 g Kartoffeln (mehlig) |
| 400 g Pellkartoffeln (mehlig) |
| 100 g Mehl |
| 1/10 l heiße Milch |
| 2 Eier |
| etwas Salz |

- Pilze säubern, ganz kurz waschen, mit Küchenkrepp trockentupfen und klein würfeln.
- Butter erhitzen, Schalotte darin andünsten und die Pilze dazugeben.
- Etwa drei Minuten glasig dünsten und salzen.
- Rohe Kartoffeln schälen und auf der Kartoffelreibe reiben.
- Kartoffelmasse in ein Tuch geben und kräftig auswringen.
- Gekochte Kartoffeln schälen, auf der Kartoffelreibe reiben und beide Kartoffelmassen miteinander vermischen.
- Mehl hinzufügen und unterrühren.
- Milch dazugeben und verrühren.
- Eier dazugeben und weiter rühren.
- Die Pilze unter den Teig mischen.
- Mit angefeuchteten Händen acht Klöße aus dem Teig formen, in kochendes Salzwasser einlegen, Hitze reduzieren und in etwa 20–25 Minuten garziehen lassen.

| |
|---|
| 4 Portionen |
| Pro Portion: 1471 kJ (507 kcal) |
| Salatempfehlung: 4 |
| Getränk: kräftiger Rotwein |

## Hirschfilet

| |
|---|
| 1 EL Öl |
| 500 g kleingehackte Hirschknochen |
| 1 Bund feingehacktes Suppengrün |
| 1/4 l Weißwein |
| 1/4 l Wasser |
| 1/4 l frischgepreßter Orangensaft |
| 4 unbehandelte Orangen |
| 150 g Butter (eisgekühlte Stückchen) |
| 750 g ausgelöster Hirschrücken |
| 50 g Butter |
| 1 El Öl |
| Salz |
| frisch gemahlener Pfeffer |

- Öl in der Kasserolle erhitzen, Hirschknochen und Gemüse darin anrösten.
- Mit Wein und Wasser ablöschen und bei mittlerer Hitze langsam auf die Hälfte der Flüssigkeitsmenge reduzieren.
- Durch ein Sieb gießen und etwas ausdrücken, den Fond bei sanfter Hitze auf 1/4 der Flüssigkeit reduzieren.
- Mit Orangensaft aufgießen und nochmals auf die Hälfte reduzieren.
- Eine Orange waschen, mit dem Juliennereißer feine Streifen ziehen, zur Sauce geben und etwas ziehen lassen.
- Restliche Orangen schälen, alle vier Orangen filieren.
- Die Sauce mit der Butter montieren, mit Salz und Pfeffer abschmecken und einige der Orangenfilets einlegen.
- Fleisch mit Salz und Pfeffer würzen.
- Butter und Öl im Schmortopf erhitzen, das Hirschfilet darin rundum anbraten. Im 200 Grad heißen Backofen 5–6 Minuten unter häufigem Wenden braten.
- Herausnehmen und in Alufolie verpackt 5 Minuten ruhen lassen.
- Fleisch in Scheiben schneiden, mit Orangenfilets belegen und mit Sauce und Knödeln servieren.

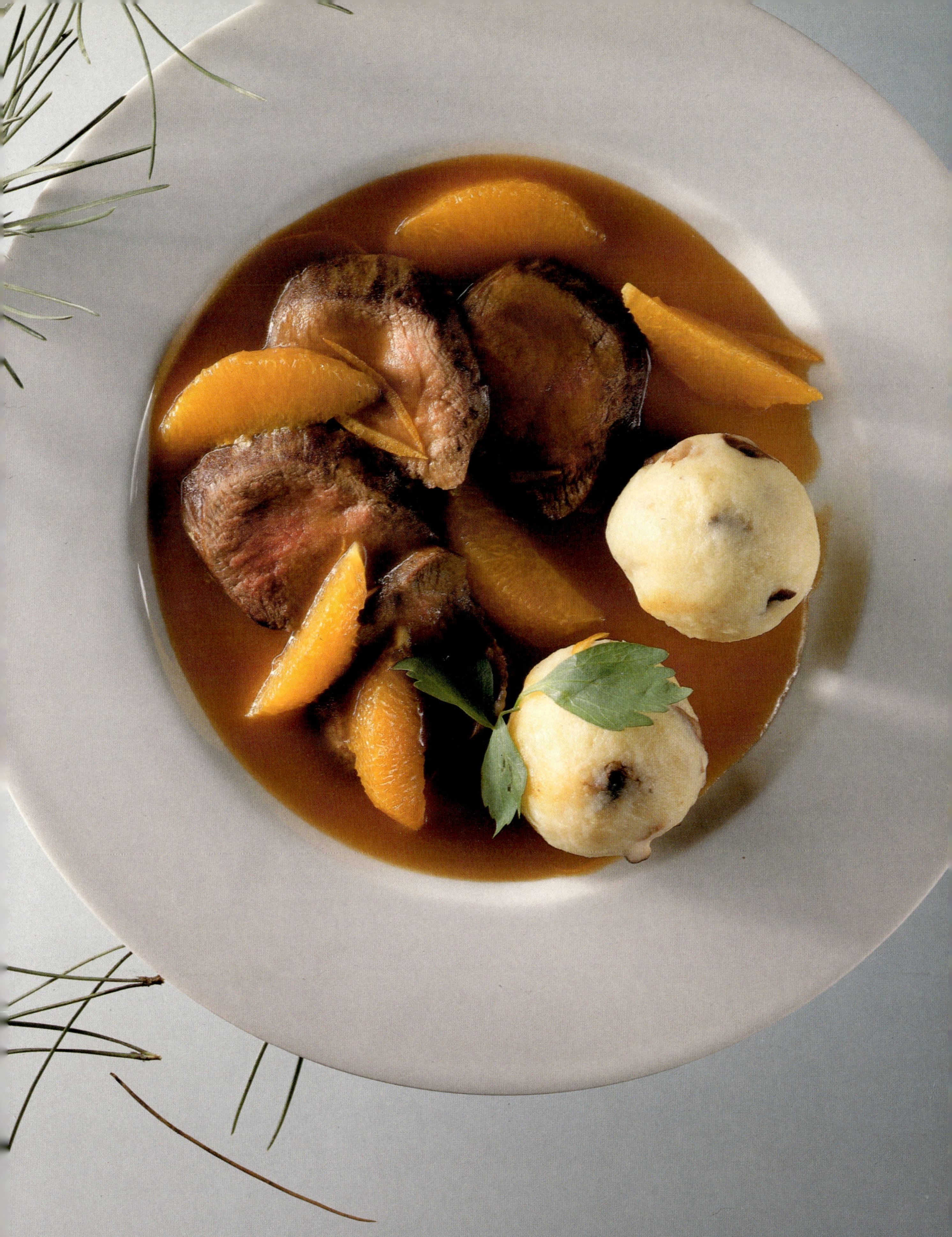

## Marillenknödel mit Mohn

| |
|---|
| 1 kg Pellkartoffeln (mehlig) |
| 150 g Mehl |
| 1–2 Eier |
| 8 Aprikosen |
| 8 Stück Würfelzucker |
| 4 EL Butter |
| 3 EL Mohn |
| 2 EL Zucker |
| ½ EL gemahlener Zimt |

- Gekochte Kartoffeln noch warm pellen und durch die Kartoffelpresse drücken.
- Eier unterziehen, dabei kräftig rühren.
- Mehl hinzufügen und unterrühren.
- Aprikosen entsteinen (große Früchte vierteln).
- Aus dem Teig tennisballgroße Knödel formen, ins Innere Aprikosen und je 1 Stück Würfelzucker geben.
- Knödel rund formen, in schwach gesalzenes, kochendes Wasser geben und bei sanfter Hitze etwa 20 Minuten ziehen lassen.
- Butter zerlassen, Mohn und Zucker hinzugeben und verrühren.
- Knödel aus dem Wasser nehmen und kurz abtropfen lassen.
- Knödel mit Zimt bestreuen und mit Mohnmischung übergießen.

| |
|---|
| 4 Portionen |
| Pro Portion: 2209 kJ (539 kcal) |
| Salatempfehlung: — |
| Getränk: — |

113

## Zimtknödel

| |
|---|
| *600 g Kartoffeln (mehlig)* |
| *1 EL Butter* |
| *½ l Milch* |
| *100 g Zucker* |
| *1 EL Zimt* |
| *125 g Hartweizengrieß* |
| *2 Eier* |
| *Butter zum Braten* |

- Kartoffeln schälen, grob zerteilen und in Salzwasser etwa 20 Minuten garen.
- Auf ein Sieb gießen und ausdampfen lassen. Durch das Sieb passieren, die Butter dazugeben und unterrühren.
- Milch mit Zucker und Zimt aufkochen, den Grieß langsam einrieseln lassen.
- Vom Herd nehmen, die Eier hineinschlagen und verrühren.
- Grießmasse noch heiß zu den Kartoffeln geben, miteinander verrühren und abkühlen lassen.
- Butter in der Pfanne nicht zu stark erhitzen.
- Mit dem Suppenlöffel Klößchen aus dem Teig abstechen und in die heiße Butter gleiten lassen. Rundum goldbraun braten.

## Früchtekompott

| |
|---|
| *3 eingelegte Birnen* |
| *1 Papaya* |
| *⅛ l Sirup von den Früchten* |
| *1 cl Cointreau* |
| *16 eingelegte Paradiesäpfel* |
| *1 unbehandelte Orange* |
| *½ TL Zimt* |
| *100 g Butter (eisgekühlte Stückchen)* |

- Birnen in Scheiben schneiden.
- Papaya schälen und mit dem Melonenausstecher Kugeln stechen.
- Paradiesäpfel, Birnen und Papaya im Sirup leicht erwärmen und herausnehmen.
- Cointreau zum Sirup geben und auf ⅔ der Flüssigkeitsmenge reduzieren.
- Orange waschen, mit dem Juliennereißer feine Streifen ziehen.
- Dem Sirup Orangenschale und Zimt hinzufügen.
- Die Sauce mit der Butter montieren.
- Früchte nochmals zur Sauce geben und vorsichtig erwärmen.
- Knödel mit Früchtekompott servieren.

| |
|---|
| 4 Portionen |
| Pro Portion: 3406 kJ (831 kcal) |
| Salatempfehlung: — |
| Getränk: — |

115

# GNOCCHI

**F**ür genußmäßig nach Italien orientierte Leute sollen Kartoffelknödel klein, ja am liebsten sollen es Gnocchi sein. In der Grundstruktur haben sie denselben Teig wie gekochte Knödel oder Klöße. (Es gibt aber auch Gnocchi-Rezepte, die auf einem Grieß- oder Mehlteig basieren.) Wichtig ist die Gnocchi-Form: In die Kartoffelteigrädchen wird mit dem Daumen eine schöne tiefe Mulde gedrückt. Wozu das gut ist? Damit die Gnocchi auf dem Teller viel Sauce oder Salbeibutter aufsaugen können! Wem die runde Vertiefung noch nicht reicht, drückt die Gnocchi noch über einen Gabelrücken und hat dadurch zusätzliche Saucen-Rillen.

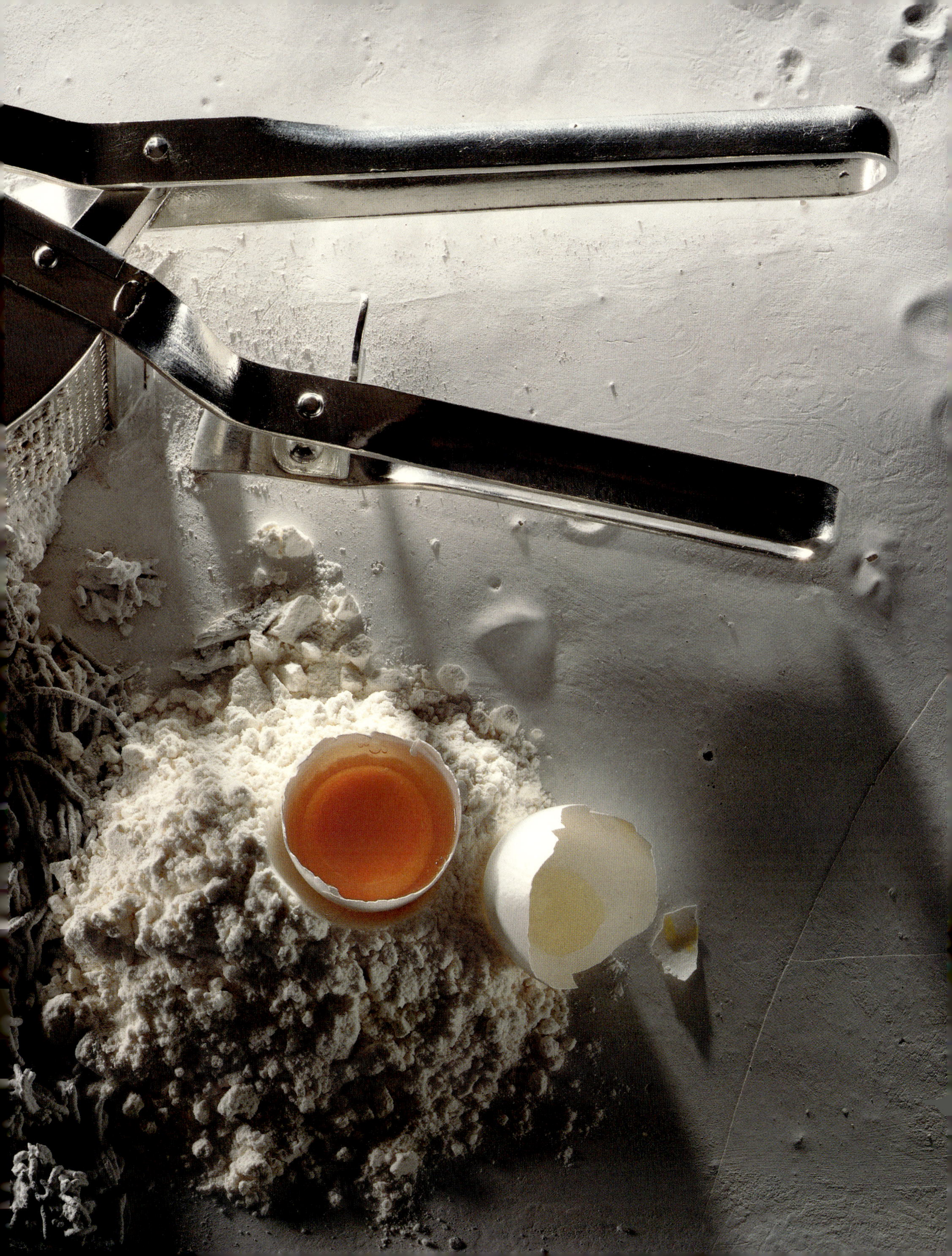

# Gnocchi mit Tomatensauce und Parmesan

| |
|---|
| 1 kg Pellkartoffeln (mehlig) |
| 2 Eier |
| 150–250 g Mehl |
| 5 EL Olivenöl |
| 1 feingehackte Zwiebel |
| 4 feingehackte Knoblauchzehen |
| 1 Dose Tomaten (850 g Einwaage) |
| 1 Zweig Basilikum |
| 3 EL Olivenöl |
| 100 g frisch geriebener Parmesan |
| 1 Bund gerupftes Basilikum |
| Salz |
| frisch gemahlener Pfeffer |
| Zucker |

- Gekochte Kartoffeln noch warm pellen und durch die Kartoffelpresse drücken.
- Eier hinzufügen und unterrühren.
- Soviel Mehl hinzufügen, bis eine feste, formbare Masse entsteht, dabei ständig kneten.
- Mit Salz abschmecken.
- Kartoffelmasse auf einem bemehlten Holzbrett fingerdick ausrollen und in 1 cm breite und 5 cm lange Stücke schneiden.
- Die Stücke zu Würstchen rollen. In der Mitte mit dem Daumen eine Vertiefung in jedes Stück drücken.
- Gnocchi in kochendes Salzwasser geben, bei reduzierter Hitze etwa 4–6 Minuten ziehen lassen und auf ein Sieb gießen.
- Olivenöl erhitzen, Zwiebel und Knoblauch darin andünsten.
- Tomaten und Basilikum dazugeben und 30 Minuten köcheln lassen.
- Gelegentlich mit dem Schneebesen umrühren, um die Tomaten zu zerkleinern.
- Mit Salz, Pfeffer und Zucker abschmecken.
- Eine vorgewärmte Schüssel mit Olivenöl ausgießen und die Gnocchi hineingeben.
- Mit Tomatensauce übergießen und mit Parmesan bestreuen.
- Mit Basilikum bestreut servieren.

| |
|---|
| 4 Portionen |
| Pro Portion: 2271 kJ (554 kcal) |
| Salatempfehlung: — |
| Getränk: Weißwein · Rotwein |

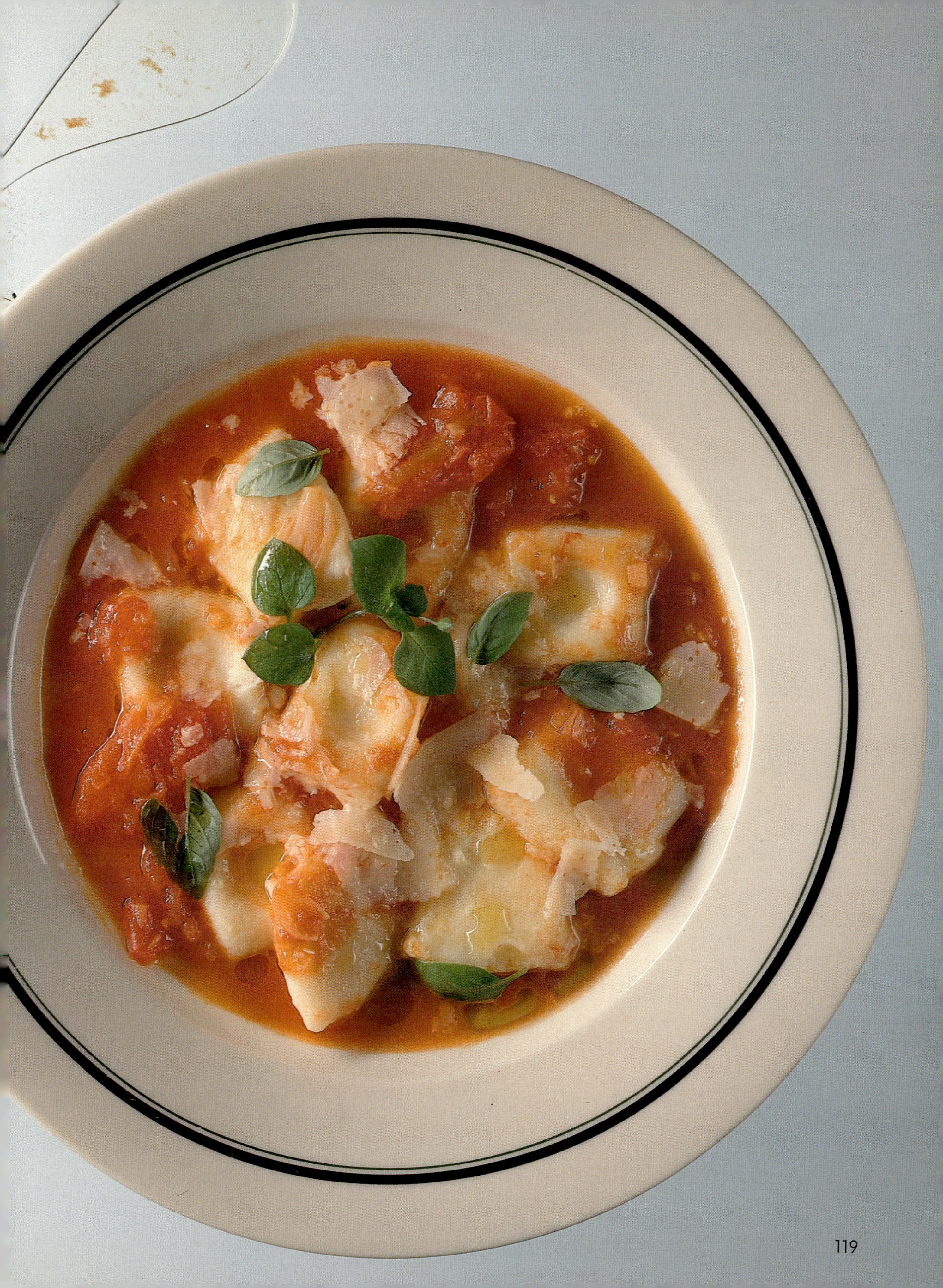

## Spinatgnocchi mit Ricotta überbacken

| |
|---|
| 1 kg Pellkartoffeln (mehlig) |
| 2 Eier |
| 100 g Butter |
| 3 feingehackte Knoblauchzehen |
| 750 g gewaschener und geputzter Spinat |
| 200–300 g Mehl |
| 300 g Ricotta-Käse |
| 100 g Butter |
| Salz |

- Gekochte Kartoffeln noch warm schälen und durch die Kartoffelpresse drücken.
- Eier hinzufügen und unterrühren.
- Butter erhitzen, den Knoblauch darin andünsten, die Hälfte des Spinats hinzufügen und etwa 3 Minuten garen. Den restlichen Spinat fein hacken (oder pürieren) und unter die Kartoffelmasse rühren.
- Soviel Mehl hinzufügen, bis eine feste, formbare Masse entsteht, dabei ständig kneten.
- Salz hinzufügen und abschmecken.
- Masse auf einem bemehlten Holzbrett fingerdick ausrollen und in 1 cm breite und 5 cm lange Stücke schneiden.
- Die Stücke zu Würstchen rollen. In der Mitte mit dem Daumen eine Vertiefung in jedes Stück drücken.
- Gnocchi in kochendes Salzwasser geben, bei reduzierter Hitze etwa 4–6 Minuten ziehen lassen und auf ein Sieb gießen.
- Die Gnocchi in eine feuerfeste Form füllen, mit dem restlichen Spinat vermischen und den zerkrümelten Ricotta-Käse darübergeben.
- Die Butter zerlassen und darübergießen.
- Im 200 Grad heißen Backofen 5–8 Minuten backen (bis der Käse geschmolzen ist).

| |
|---|
| 4 Portionen |
| Pro Portion: 4596 kJ (1121 kcal) |
| Salatempfehlung: — |
| Getränk: Weißwein |

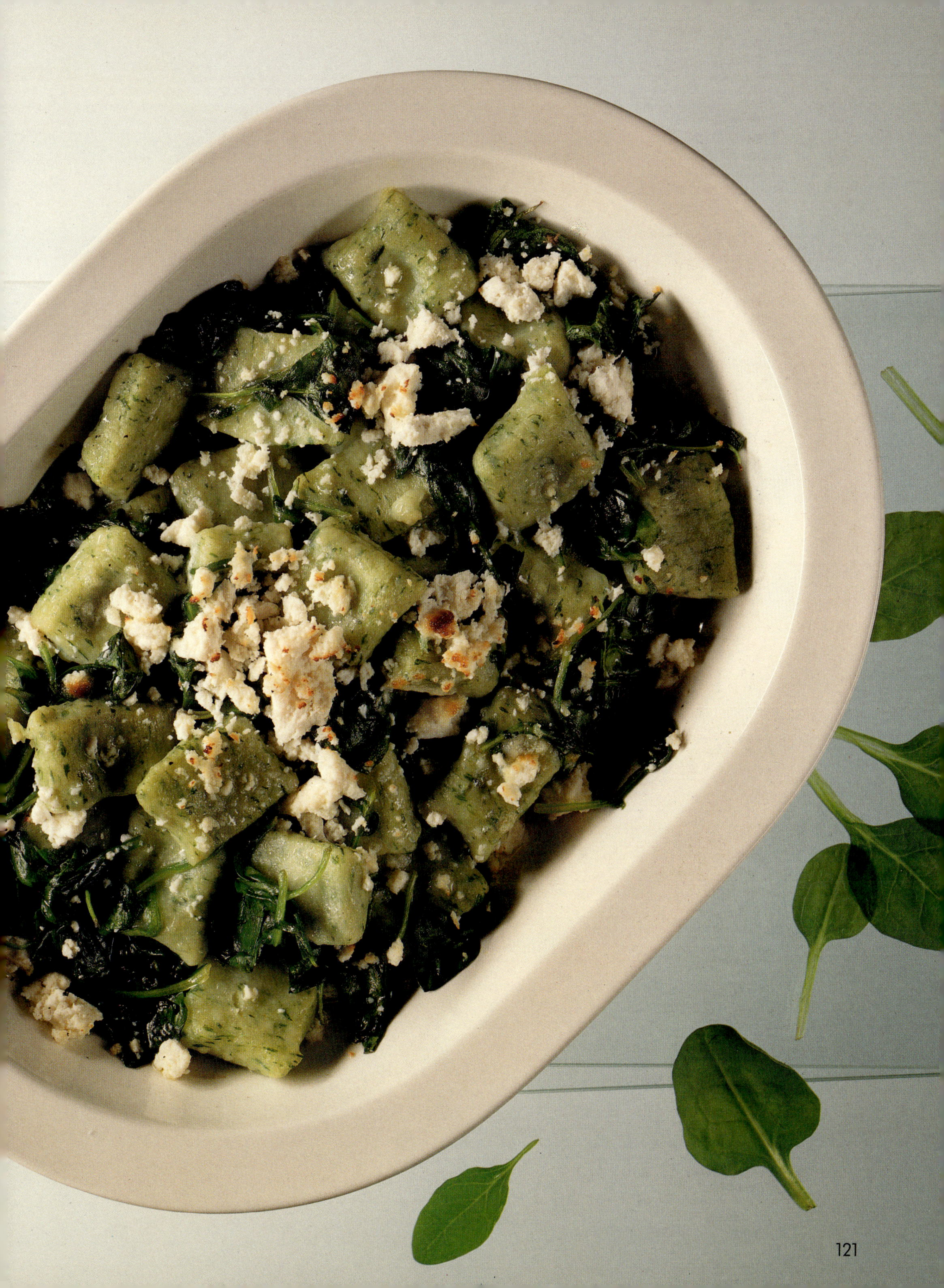

# PUFFER, CRÊPES & CO

## Kartoffelpuffer

*1 kg Kartoffeln (festkochend)*
*3 Frühlingszwiebeln*
*1 Ei*
*2 EL Mehl*
*Salz, Öl zum Ausbacken*

● Kartoffeln waschen, schälen und auf der Kronenreibe reiben.
● Die Frühlingszwiebeln (weißer und hellgrüner Teil) in feine Ringe schneiden.
● Ei und Mehl zur Kartoffelmasse geben und verrühren.
● Mit Salz würzen und die Frühlingszwiebeln unterheben.
● Das Öl in der Pfanne erhitzen.
● Mit dem Suppenlöffel kleine Küchlein vom Teig abstechen, vorsichtig ins heiße Öl gleiten lassen und etwas flachdrücken.
● Von beiden Seiten hellgoldbraun ausbacken.

4 Portionen
Pro Portion: 984 kJ (240 kcal)

## Kräuterpuffer

*700 g Kartoffeln (mehlig)*
*1 EL Butter*
*1 Ei*
*3 EL Mehl*
*½ Bund feingehackte Petersilie*
*½ Bund feingehacktes Basilikum*
*Salz, frisch gemahlener Pfeffer*
*Öl zum Ausbacken*

● Kartoffeln schälen und grob zerteilen.
● In Salzwasser etwa 20 Minuten garen und auf ein Sieb gießen.
● Noch warm durch das Sieb passieren.
● Die Butter zugeben und unterrühren.
● Ei, Mehl sowie Petersilie und Basilikum dazugeben und verrühren.
● Mit Salz und Pfeffer würzen.
● Öl in der Pfanne erhitzen.
● Mit dem Eßlöffel kleine Küchlein vom Teig abstechen, vorsichtig ins heiße Öl gleiten lassen und etwas flachdrücken.
● Von beiden Seiten hellgoldbraun ausbacken.

4 Portionen
Pro Portion: 709 kJ (173 kcal)

# Wachtelbrüstchen mit Kartoffel-Kräuter-Puffern

| |
|---|
| 4 Wachteln |
| 2 EL Öl |
| 1 Zweig Rosmarin |
| ⅛ l Apfelsaft |
| ⅛ l Weißwein |
| 3 EL Honig |
| 50 g Butter (eisgekühlte Stückchen) |
| 4 Zucchiniblüten |
| Salz |
| frisch gemahlener Pfeffer |

- Die Wachteln salzen.
- Das Öl in der Kasserolle erhitzen, die Wachteln darin rundum anbraten.
- Im 200 Grad heißen Backofen 10 Minuten garen.
- Die Wachteln herausnehmen und in Alufolie verpackt warmstellen.
- Das Bratfett abgießen, die Kasserolle erhitzen und den Rosmarin darin andünsten.
- Mit Apfelsaft ablöschen, aufkochen lassen und den Wein zugeben.
- Die Flüssigkeit auf die Hälfte reduzieren, den Honig unterrühren und nochmals aufkochen lassen.
- Die Butterstückchen in die Sauce montieren.
- Den Rosmarin entfernen und mit Salz und Pfeffer abschmecken.
- Die Zucchiniblüten in die Sauce geben und noch 4 Minuten ziehen lassen.
- Die Wachtelbrüstchen auslösen, mit Zucchiniblüten, Puffern und Sauce angerichtet servieren.

Rezept Kräuterpuffer: Seite 123

| |
|---|
| 4 Portionen |
| Pro Portion: 1181 kJ (288 kcal) |
| Salatempfehlung: — |
| Getränk: kräftiger Weißwein |

## Langusten und Pilzragout mit Kartoffelpuffern

2 EL Butter
1 feingehackte Zwiebel
250–400 g gemischte Pilze
(Shitake, Champignons, Austernpilze etc.)
100 g Crème fraîche
1 abgekochte Languste
1 Bund gezupftes und in
Streifen geschnittenes Basilikum
Salz
frisch gemahlener Pfeffer

- Die Butter erhitzen, die Zwiebeln darin andünsten.
- Die Pilze putzen, evtl. Stiele entfernen und zu den Zwiebeln geben.
- Die Pilze glasig dünsten, die Crème fraîche dazugeben und 5 Minuten sanft köcheln.
- Die Languste aufbrechen, den Schwanz in nicht zu dicke Scheiben schneiden, in die Pilzsauce geben und vorsichtig erwärmen.
- Mit Salz und Pfeffer abschmecken.
- Mit Basilikum bestreut servieren.

Rezept Kartoffelpuffer: Seite 123

4 Portionen
Pro Portion: 459 kJ (112 kcal)
Salatempfehlung: —
Getränk: Weißwein

## Blinis

*250 g Weizenmehl*
*20 g Hefe*
*1 TL Zucker*
*⅛ l lauwarme Milch*
*200 g Kartoffeln (mehlig)*
*1 Ei*
*50 g zerlassene Butter*
*Schmalz zum Ausbacken*
*1 TL Salz*

- Das Mehl in eine Schüssel sieben.
- Hefe und Zucker in einem Teil der Milch auflösen.
- In das gesiebte Mehl eine Vertiefung drücken und die Hefemischung hineingeben.
- Mit Mehl bedecken und an einem warmen Ort 20 Minuten gehen lassen.
- Kartoffeln waschen, schälen und etwa 20 Minuten in Salzwasser garen.
- Auf ein Sieb gießen, ausdampfen lassen und durchpassieren.
- Das Salz zum Mehl geben und zu einem Teig verkneten.
- Kartoffelmasse mit Ei und Butter vermischen, zum Teig geben und alles miteinander verkneten.
- Den Teig nochmals etwa 20 Minuten gehen lassen.
- Das Schmalz in der Pfanne erhitzen, vom Teig mit dem Eßlöffel kleine Küchlein abstechen, vorsichtig ins heiße Schmalz gleiten lassen und etwas flachdrücken.
- Von beiden Seiten hellgoldbraun ausbacken.

4 Portionen
Pro Portion: 3267 kJ (797 kcal)
Salatempfehlung: —
Getränk: Champagner · Bier

## Lachs mit Caviar und Wachteleiern

*8 Wachteleier*
*200 g Crème fraîche*
*2 Limetten (½ Limette gescheibelt, der Rest ausgepreßt)*
*½ Bund feingehackter Dill*
*400 g in feine Scheiben geschnittener Räucherlachs*
*50 g Caviar*
*2 Stengel gezupfter Dill*
*Salz, frisch gemahlener Pfeffer*

- Die Wachteleier 4 Minuten kochen, abschrecken und schälen.
- Crème fraîche mit Limettensaft, Salz, Pfeffer und Dill verrühren und abschmecken.
- Die Blinis auf Tellern verteilen, mit Crème fraîche bestreichen.
- Mit Lachs, Caviar, Wachteleiern sowie Limettenscheiben belegen und mit Dill bestreut servieren.

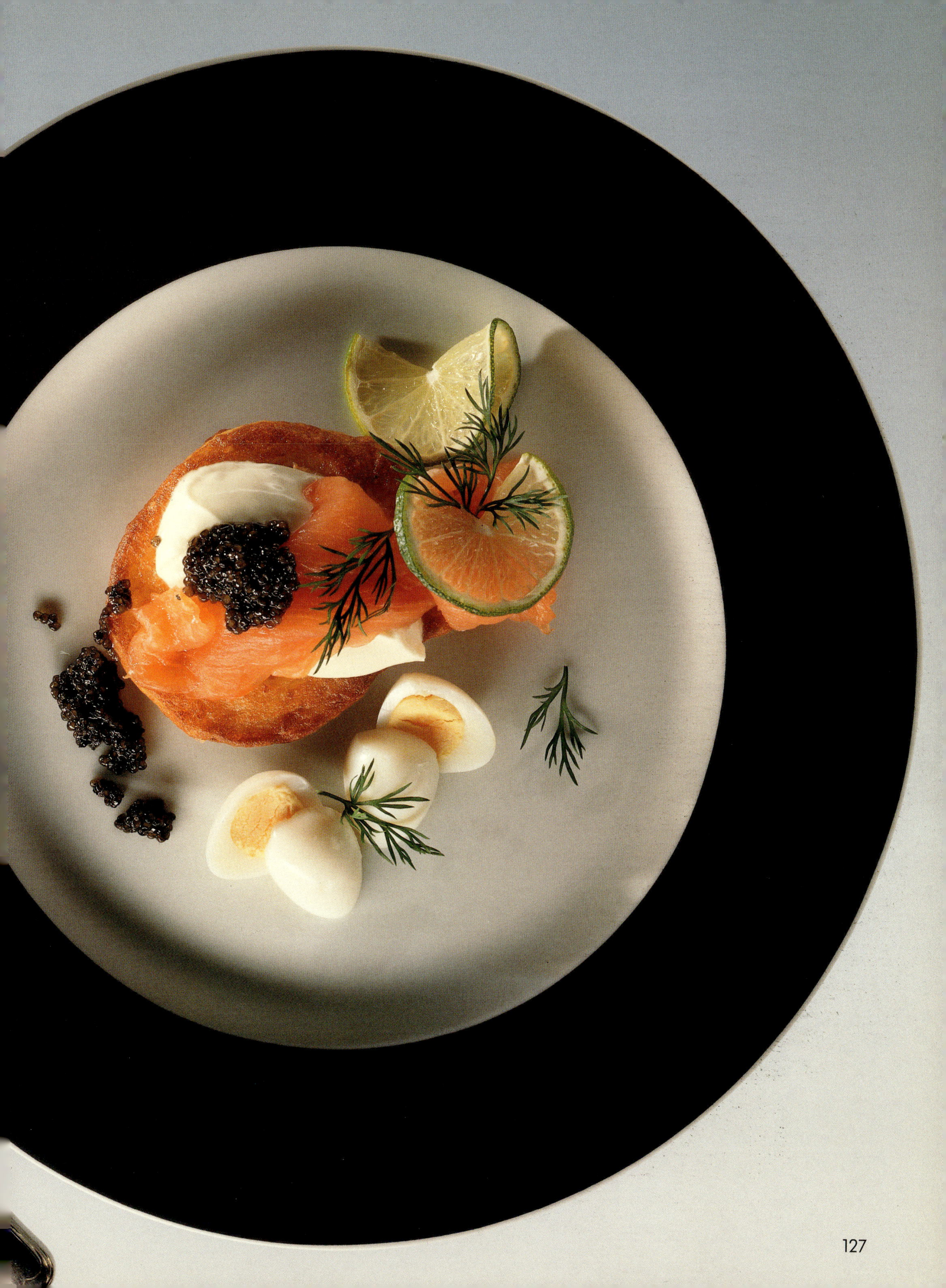

## Gefüllte Crêpes

| |
|---|
| *250 g Bio-Pellkartoffeln (mehlig)* |
| *4 Eier* |
| *125 g Mehl* |
| *⅛–¼ l Milch* |
| *Prise Salz* |
| *Öl zum Auspinseln* |
| *Puderzucker zum Bestreuen* |

- Gekochte Kartoffeln schälen und durch die Kartoffelpresse drücken.
- Die Eier zur Kartoffelmasse geben und verrühren.
- Das Mehl nach und nach darübersieben und verrühren.
- Soviel Milch unterrühren bis ein flüssiger Teig entsteht.
- Prise Salz hinzufügen und den Teig 10 Minuten ruhen lassen.
- Eine erhitzte Pfanne mit Öl auspinseln.
- Mit einer kleinen Schöpfkelle den Teig in die Pfanne geben und verteilen.
- Sehr dünne Crêpes bei mittlerer Hitze backen.
- Auf einen Teller gleiten lassen, mit Obstfüllung belegen und zusammenfalten.
- Mit Puderzucker bestreut servieren.

Füllungen siehe rechts

| |
|---|
| 4 Portionen |
| Pro Portion: 1209 kJ (295 kcal) |
| Salatempfehlung: — |
| Getränk: Champagner · Dessertwein |

# 1

| |
|---|
| 1 kleine Melone |
| 1 Papaya |
| 2 EL Grand Marnier |

● Die Melone schälen, mit dem Ausstecher Kugeln stechen.
● Papaya schälen und in Stücke schneiden.
● Beides mit Grand Marnier und Puderzucker vermischen und 30 Minuten ziehen lassen.

# 2

| |
|---|
| 200 g Himbeeren |
| 200 g Brombeeren |
| 2 EL Kirschwasser |
| 2 EL Puderzucker |

● Die Beeren mit Kirschwasser und Puderzucker vermischen und 30 Minuten ziehen lassen.

# 3

| |
|---|
| 250 g Erdbeeren |
| 1 EL Puderzucker |
| ¼ l süße Sahne |
| 1 TL Zucker |

● Erdbeeren in Scheiben schneiden, mit dem Puderzucker vermischen und 30 Minuten ziehen lassen.
● Die Sahne steifschlagen und mit dem Zucker abschmecken.

# 4

| |
|---|
| 2 unbehandelte Orangen |
| ⅛ l Portwein |
| 50 g Zucker |
| 4 Feigen |

● Eine Orange waschen.
● Mit dem Juliennereißer feine Streifen ziehen.
● Beide Orangen schälen und filieren. Portwein mit dem Zucker erhitzen, die Feigen hineingeben und 10 Minuten sanft köcheln lassen.

## Waffeln mit Cassiseis

| |
|---|
| *250 g Kartoffeln (festkochend)* |
| *250 g Mehl* |
| *150 g Puderzucker* |
| *¼ l Milch* |
| *50 g Kokosflocken* |
| *3 Eiweiß (steifgeschlagen)* |
| *Öl zum Auspinseln* |

- Kartoffeln waschen, schälen und grob zerteilen.
- In schwach gesalzenem Wasser etwa 15 Minuten garen.
- Auf ein Sieb gießen und ausdampfen lassen.
- Durch die Kartoffelpresse drücken und das Mehl darübersieben.
- Puderzucker und Milch dazugeben und zu einem glatten Teig verrrühren.
- Die Kokosflocken unterrühren.
- Das Eiweiß vorsichtig unterheben.
- Das Waffeleisen erhitzen und leicht mit Öl auspinseln.
- Den Teig mit einer kleinen Schöpfkelle in das Waffeleisen gießen und zu hellgoldbraunen Waffeln backen.

Dazu:
Cassiseis und Johannisbeerkompott
oder
Zitroneneis und Apfelkompott.

| |
|---|
| 4 Portionen |
| Pro Portion: 2011 kJ (502 kcal) |
| Salatempfehlung: — |
| Getränk: Dessertwein |

## Johannisbeerkompott

*500 g rote Johannisbeeren*
*(von den Stielen gezupft)*
*¼ l Johannisbeersaft*
*4 EL Zucker*

● Johannisbeeren mit Saft und Zucker aufkochen und etwa 2 Minuten garen.

## Apfelkompott

*1 Pfund feinsäuerliche Äpfel*
*1 ausgepreßte Zitrone*
*1/10 l Wasser*
*80 g Zucker*
*1 Zimtstange*

● Äpfel schälen, entkernen und vierteln.
● In den Topf geben, Zitrone, Wasser, Zucker und Zimt hinzufügen.
● Bei geschlossenem Topf einmal aufkochen lassen und bei schwacher Hitze etwa 10 Minuten dünsten.
● Die Zimtstange entfernen.

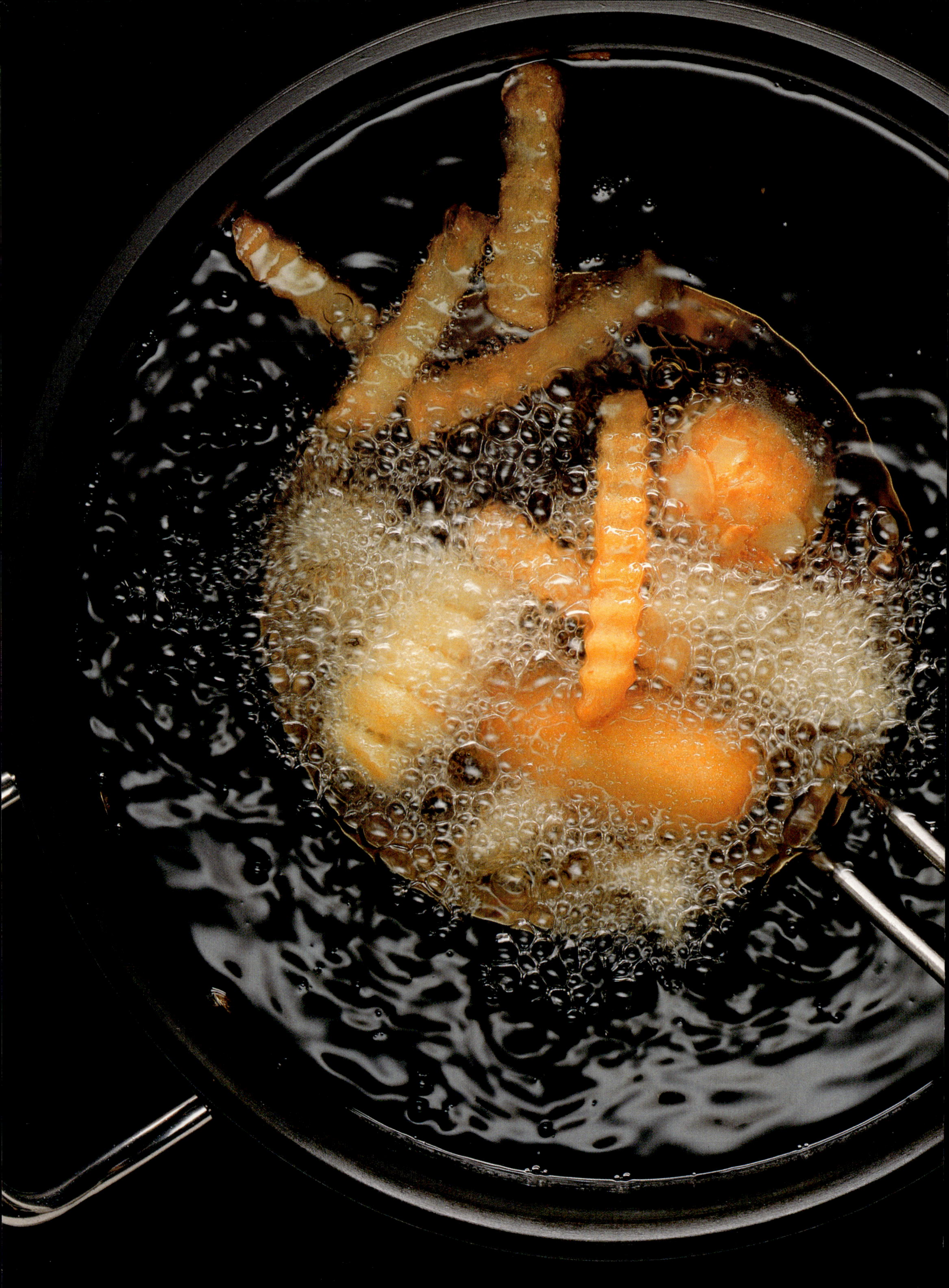

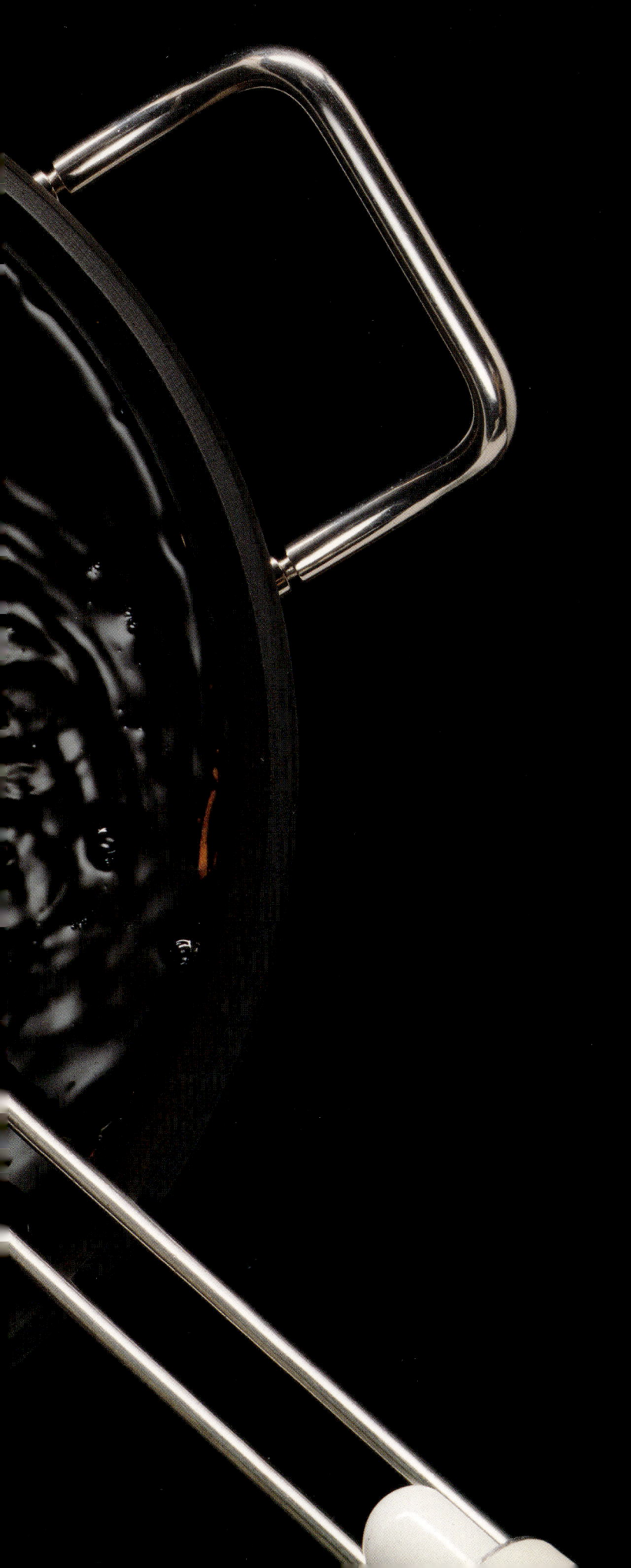

# FRITIERTES

**E**ine Tüte Pommes frites von der Bude, goldgelb und noch etwas zu heiß, mit den Fingern gegessen – die spontane Lust darauf hat jeden schon mal gepackt. Der Gourmet allerdings fritiert selbst. Da ist das Fett wirklich frisch, da ist das Aroma noch appetitlicher.
Fritieren geht ganz einfach: Man braucht nur heißes Pflanzenfett – aber davon reichlich! Es wird in einer tiefen Pfanne oder in der Friteuse auf mindestens 180 Grad erhitzt. Hat man kein Fritierthermometer, prüft man mit dem Holzlöffel: Sobald sich daran kleine Bläschen bilden, ist das Fett heiß genug. Jetzt Kartoffeln, Kroketten, Bällchen einlegen (die Rezepte dazu finden Sie auf den folgenden Seiten).
Damit das Fett nicht zu sehr abkühlt, statt einer großen, lieber mehrere kleine Portionen fritieren und schon nach ein paar Minuten herausnehmen – genau dann, wenn sich rundherum eine kräftige Goldkruste gebildet hat. Zum Abtropfen alles kurz auf Küchenkrepp geben und dann möglichst schnell und heiß servieren.

## Pommes frites

*1 kg Kartoffeln (mehlig)*
*Öl zum Fritieren*
*Salz zum Bestreuen*

● Die Kartoffeln waschen und schälen.
● Kartoffeln zuerst in Scheiben, die Scheiben dann in Stifte schneiden und wässern.
● Auf ein Sieb gießen und abtropfen lassen. Mit Küchenkrepp sehr gründlich trockentupfen.
● Das Öl auf 120 Grad erhitzen, die Kartoffeln darin portionsweise 3 Minuten blanchieren.
● Herausnehmen und abtropfen lassen.
● Inzwischen das Öl auf 180 Grad erhitzen, die Pommes frites darin hellgelb und knusprig fritieren.
● Auf Küchenkrepp abtropfen lassen und mit Salz bestreut servieren.

Man kann auch Tiefkühl-Produkte verwenden, in diesem Fall richtet man sich nach der Anweisung auf der Packung.

4 Portionen
Pro Portion: 2050 kJ (500 kcal)

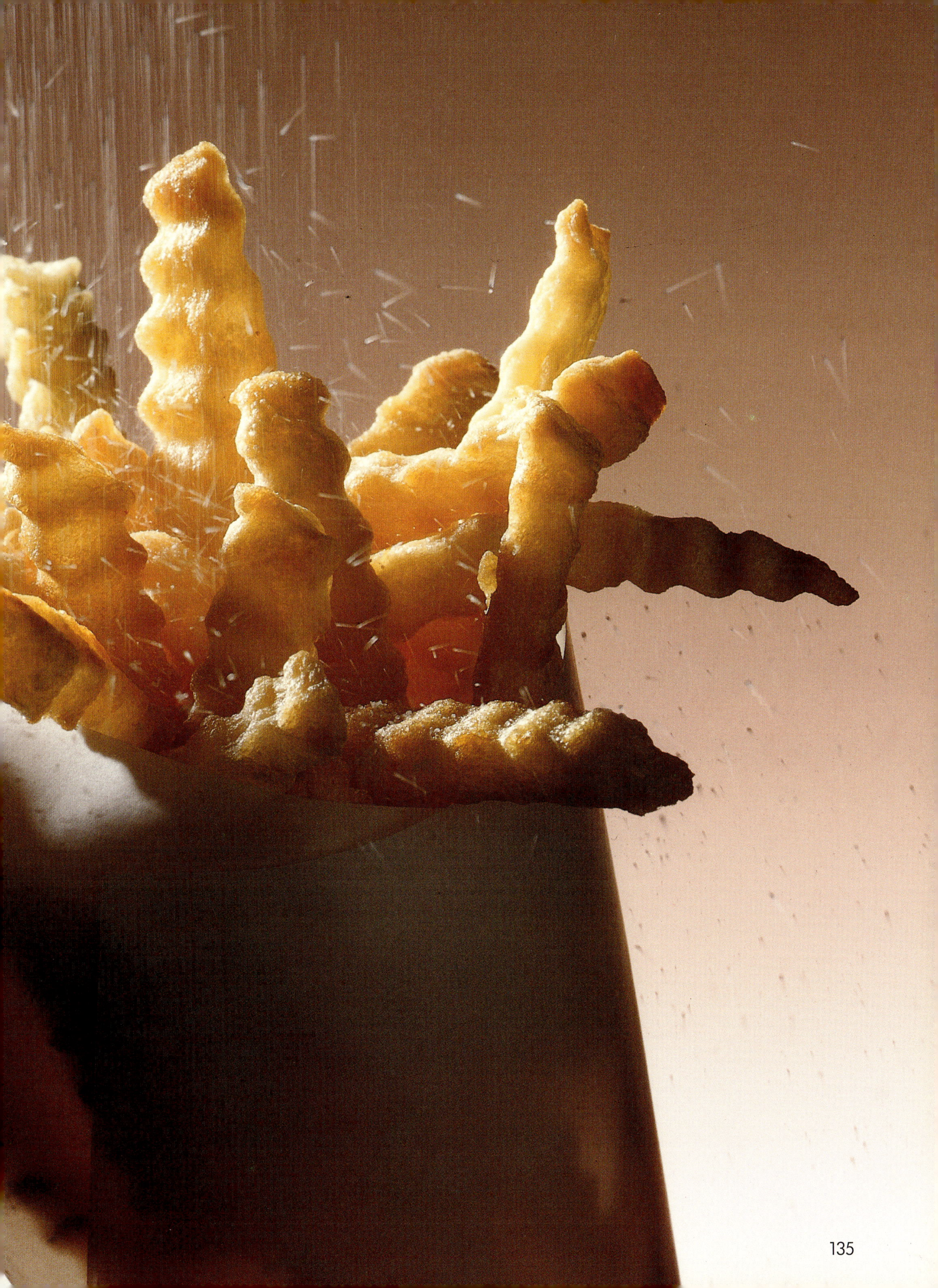

## Pfeffersteak

| |
|---|
| 4 Filetsteaks vom Rind (je 200 g) |
| 3 EL Öl |
| 1 EL Butter |
| Salz |
| ⅛ l Weißwein |
| ¼ l süße Sahne |
| 2 EL grüner Pfeffer |
| Salz |
| frisch gemahlener Pfeffer |

● Öl in der Pfanne erhitzen, die Steaks darin auf beiden Seiten kräftig anbraten.
● Hitze reduzieren, Butter hinzufügen und die Steaks unter mehrmaligem Wenden etwa 10–15 Minuten braten.
● Die Steaks aus der Pfanne nehmen, beidseitig salzen und in Alufolie verpackt warmstellen.
● Bratfett aus der Pfanne abgießen und den Bratensatz mit Wein loskochen.
● Flüssigkeitsmenge auf die Hälfte reduzieren, mit Sahne angießen und nochmals auf ⅔ reduzieren.
● Grünen Pfeffer in die Sauce geben, die Sauce mit Salz und Pfeffer abschmecken. Die Steaks mit der Sauce überziehen und servieren.

Dazu: Pommes frites, Rezept Seite 134

| |
|---|
| 4 Portionen |
| Pro Portion: 2151 kJ (525 kcal) |
| Salatempfehlung: 3 |
| Getränk: Rotwein · Pils |

## Hühnchen in Champignonsahne

| |
|---|
| 1 Brathähnchen |
| 2 EL Öl |
| 2 EL Butter |
| 1 feingehackte Zwiebel |
| ⅛ l Weißwein |
| ¼ l süße Sahne |
| 150 g Champignons |
| etwas Zitronensaft |
| Salz |
| frisch gemahlener Pfeffer |

- Das Hähnchen in 8 Stücke zerteilen, mit Salz und Pfeffer würzen.
- Öl und Butter in einer Kasserolle erhitzen, die Hähnchenteile darin rundum anbraten.
- Das Bratfett abgießen, die Zwiebeln zugeben und andünsten.
- Mit dem Weißwein angießen, aufkochen und die Flüssigkeit etwas reduzieren.
- Die Sahne hinzufügen und 30 Minuten auf kleiner Flamme leise köcheln lassen.
- Die Champignons putzen und in feine Scheiben schneiden.
- Champignons 10 Minuten vor Ende der Garzeit zur Sauce geben.
- Die Sauce mit Salz, Pfeffer und Zitronensaft abschmecken.

Dazu: Pommes frites, Rezept Seite 134

| |
|---|
| 4 Portionen |
| Pro Portion: 1447 kJ (353 kcal) |
| Salatempfehlung: — |
| Getränk: Weißwein |

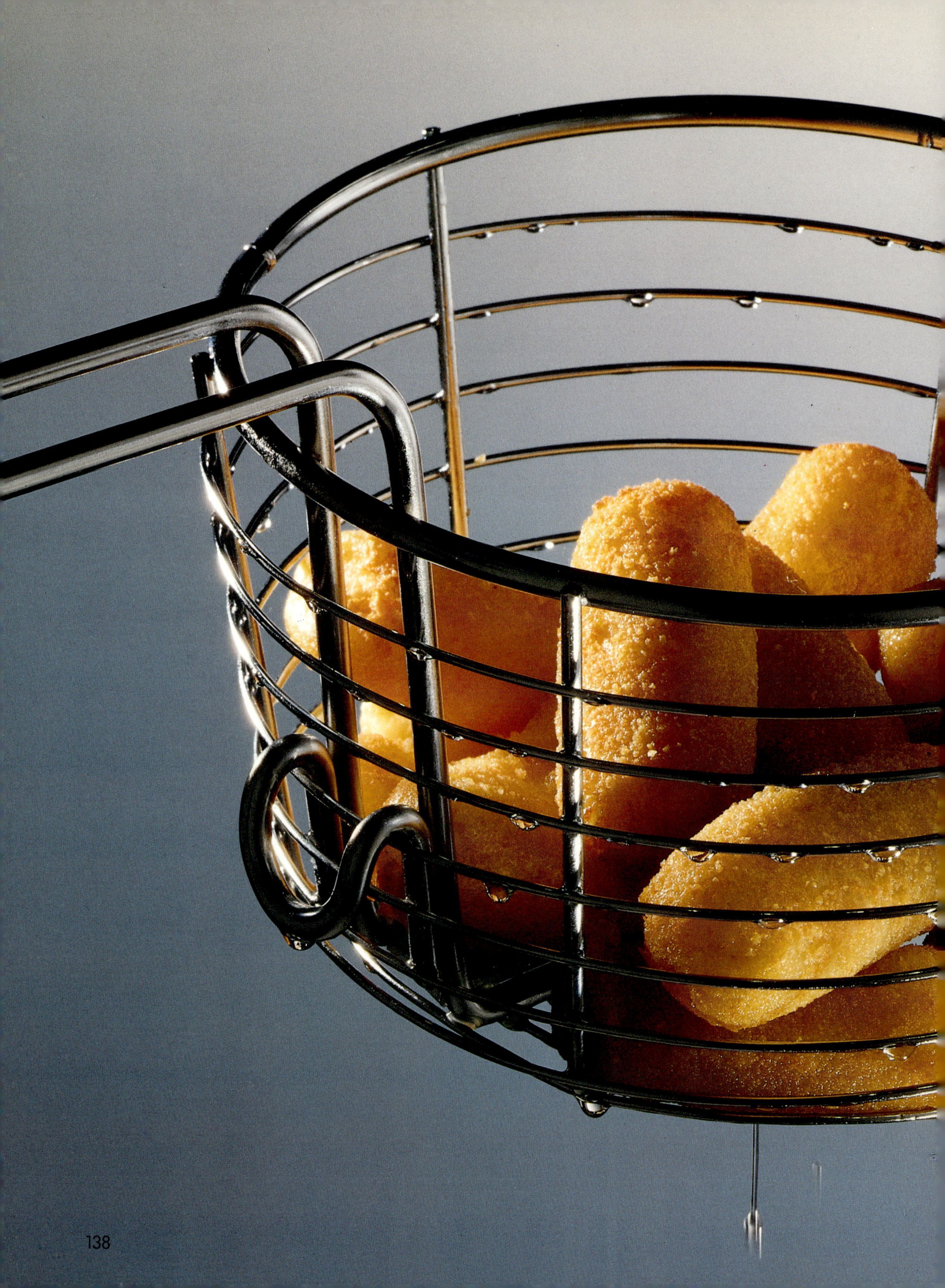

## Kroketten

| |
|---|
| *500 g Kartoffeln (mehlig)* |
| *2 Eigelb* |
| *Salz* |
| *Muskat* |
| *2 EL feingehackte Petersilie* |
| *Mehl zum Wenden* |
| *1 verquirltes Ei* |
| *Paniermehl zum Wenden* |
| *Öl zum Fritieren* |

● Kartoffeln schälen und in Salzwasser etwa 20 Minuten garen.
● Auf ein Sieb gießen, kurz ausdampfen und noch heiß durch die Kartoffelpresse drücken.
● Eigelb unterrühren und mit Salz und Muskat abschmecken.
● Petersilie unter die Kartoffelmasse mischen und kleine dicke Rollen formen.
● Rollen nacheinander im Mehl, Ei und Paniermehl wälzen.
● Im 180 Grad heißen Öl 5 Minuten goldgelb fritieren.

| |
|---|
| 4 Portionen |
| Pro Portion: 1435 kJ (350 kcal) |

## Kaninchenkeulen in Senfsauce

| |
|---|
| 4 Kaninchen-Vorderkeulen |
| 2 EL Öl |
| ⅛ l Weißwein |
| 150 g Crème fraîche |
| 3 EL grobkörniger Senf (Moutard de Meaux) |
| 1 Bund feingehackter Estragon |
| 1 Bund junge Karotten |
| 2 EL Butter |
| 300 g eingelegte Maronen |
| 150 g Honig |
| Salz |
| frisch gemahlener Pfeffer |

- Kaninchenkeulen mit Salz und Pfeffer würzen.
- Öl in der Kasserolle erhitzen, die Keulen darin rundum anbraten.
- Im 200 Grad heißen Backofen 20 Minuten garen, herausnehmen und in Alufolie verpackt ruhen lassen.
- Das Bratfett abgießen.
- Den Bratenfond mit Wein loskochen, die Crème fraîche zugeben und 5 Minuten köcheln lassen.
- Mit Salz, Pfeffer und Senf abschmecken.
- Den Estragon zugeben, nicht mehr köcheln lassen.
- Karotten schälen und in Salzwasser knackig garen.
- Butter zerlassen, die Karotten darin schwenken.
- Maronen mit ihrem Saft und Honig erhitzen.
- Kaninchenkeulen mit der Sauce, Karotten und Maronen servieren.

Dazu: Kroketten, Rezept Seite 139

| |
|---|
| 4 Portionen |
| Pro Portion: 2354 kJ (574 kcal) |
| Salatempfehlung: 2 |
| Getränk: Weißwein |

141

## Mandelbällchen

| |
|---|
| *1 kg Kartoffeln (mehlig)* |
| *1 Eigelb* |
| *Mehl zum Wenden* |
| *1 verschlagenes Ei* |
| *Paniermehl zum Wenden* |
| *100 g Mandelblättchen* |
| *Öl zum Fritieren* |
| *Salz* |

- Kartoffeln waschen, schälen und grob zerteilen.
- In Salzwasser etwa 20 Minuten garen, auf ein Sieb gießen und ausdampfen lassen.
- Durch die Kartoffelpresse drücken, das Eigelb unterziehen und mit Salz würzen.
- Kleine Bällchen formen und diese nacheinander in Mehl, Ei und Paniermehl wenden.
- Zum Schluß in den Mandelblättchen wälzen.
- Im 160–170 Grad heißen Öl etwa 4 Minuten goldgelb fritieren.

4 Portionen
Pro Portion: 1254 kJ (306 kcal)

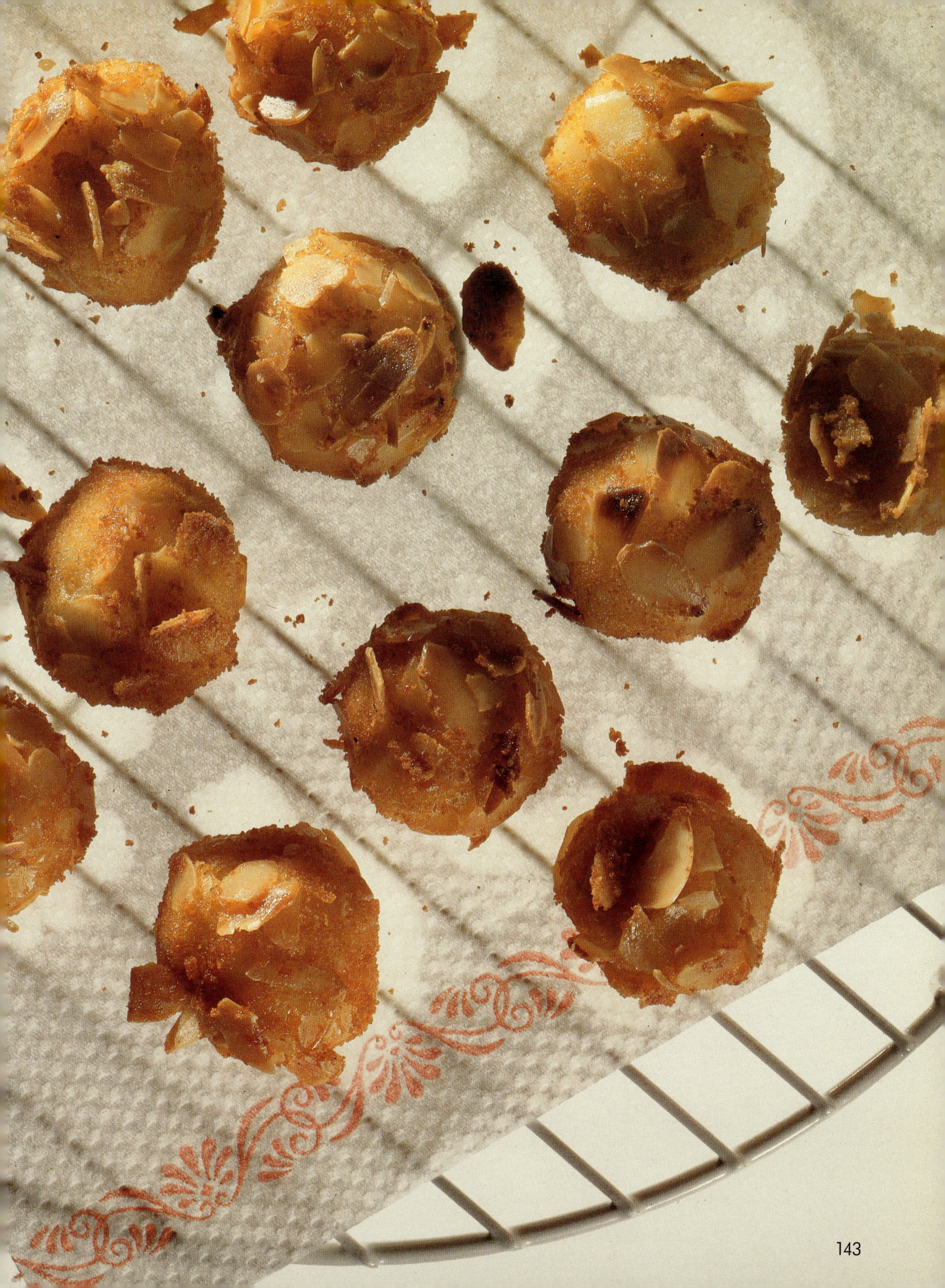

## Fasanenbrüstchen mit Feigen

*4 Fasanenbrüstchen*
*1 Schweinenetz (beim Metzger bestellen)*
*1 EL Öl*
*1 EL Butter*
*2 rote Paprika*
*¼ l süße Sahne*
*1 Glas eingelegte Feigen*
*Salz*
*frisch gemahlener Pfeffer*

● Die Fasanenbrüstchen mit Salz und Pfeffer würzen.
● Je 2 Brüstchen mit der Fleischseite aneinander legen und mit der Hälfte des Schweinenetzes umhüllen und festdrücken.
● Öl und Butter in einer Kasserolle erhitzen, die Brüstchen darin rundum anbraten.
● Im 200 Grad heißen Backofen etwa 15–20 Minuten weitergaren, dabei häufiger mit dem Bratensaft begießen.
● Die Brüstchen herausnehmen und in Alufolie verpackt warmhalten.
● Die Paprika im 200 Grad heißen Backofen innerhalb 20–25 Minuten Blasen ziehen lassen, dann herausnehmen und noch heiß enthäuten.
● Paprikaschoten bis auf eine Hälfte grob zerteilen, die verbliebene Hälfte in Rauten schneiden.
● Zerteilte Paprika in einer Kasserolle mit der Sahne aufkochen und 5 Minuten köcheln lassen.
● Mit dem Stabmixer pürieren und mit Salz und Pfeffer abschmecken.
● Die Paprikarauten in die Sauce geben.
● Die Feigen kurz in ihrem Sud erhitzen.
● Die Brüstchen schräg in Scheiben schneiden.
● Das Fleisch mit der Sauce und den Feigen auf Tellern anrichten.

Dazu: Mandelbällchen, Rezept Seite 142

4 Portionen
Pro Portion: 1642 kJ (400 kcal)
Salatempfehlung: —
Getränk: kräftiger Weißwein

145

## Rehkeule in Lebkuchensauce

2 EL Öl
800 g Rehkeule
¼ l Rotwein
¼ l Wildfond (Glas)
3 Lebkuchen
1 EL Speisestärke
100 g Butter (eisgekühlte Stückchen)
250 g Austernpilze
1 EL Butter
1 Bund feingehackte Petersilie
250 g eingelegte Stachelbeeren
50 g Zucker
1 ausgepreßte Zitrone
2 EL Wasser
Salz
frisch gemahlener Pfeffer

● Das Öl in der Kasserolle erhitzen, die Rehkeule darin rundum anbraten.
● Mit Salz und Pfeffer würzen und im 200 Grad heißen Backofen 20 Minuten garen.
● Den Wein angießen, Rehkeule weitere 20–30 Minuten garen und dabei häufiger begießen.
● Rehkeule herausnehmen und in Alufolie verpackt warmhalten.
● Den Wildfond zur Sauce geben, die Lebkuchen hineinbröseln und auf die Hälfte einkochen. Sauce durch ein Sieb passieren und mit der Stärke binden.
● Die Butter in die Sauce montieren.
● Die Austernpilze putzen, dabei den harten Strunk entfernen.
● Butter in der Pfanne erhitzen, die Austernpilze darin anbraten.
● Mit Salz und Pfeffer würzen und mit Petersilie bestreuen.
● Die Stachelbeeren mit Zucker, Zitronensaft und Wasser kurz aufkochen.

4 Portionen
Pro Portion: 2969 kJ (724 kcal)
Salatempfehlung: —
Getränk: Rotwein

## Kartoffelbirnchen

1 kg Kartoffeln (mehlig)
1 Ei
Mehl zum Wenden
1 verschlagenes Ei
Paniermehl zum Wenden
Salz
frisch gemahlener Pfeffer
Nelken

● Kartoffeln waschen, schälen und grob zerteilen.
● In Salzwasser etwa 20 Minuten garen, auf ein Sieb gießen und ausdampfen lassen.
● Durch die Kartoffelpresse drücken, das Ei unterrühren und mit Salz und Pfeffer würzen.
● Mit angefeuchteten Händen aus dem Teig kleine Birnen formen.
● Die Birnchen nacheinander in Mehl, Ei und Paniermehl wenden.
● Im 180 Grad heißen Öl etwa 5 Minuten hellgoldbraun fritieren und auf Haushaltskrepp abtropfen lassen.
● Danach zur Dekoration eine Nelke als Blüte und Petersilienstengel als Stiel in die Birnen stecken.
● Die Rehkeule dünn aufschneiden und auf Tellern verteilen.
● Mit Sauce, Austernpilzen, Stachelbeeren und Kartoffelbirnchen servieren.

147

## Fritierte Gemüse in Bierteig

| |
|---|
| 4 kleine Rote Bete |
| 1 Bund Navetten (weiße Rüben) |
| 1 Bund Karotten |
| 8 Zucchiniblüten |
| 4 Stangen junger Lauch |
| Öl zum Fritieren |
| 250 g Kartoffeln (mehlig) |
| 200 g gesiebtes Mehl |
| ¼ l Bier |
| 1 TL Salz |
| 4 steifgeschlagene Eiweiß |

- Die Gemüse putzen und schälen.
- Rote Bete in kochendes Salzwasser geben, 20 Minuten garen und auf ein Sieb gießen.
- Erkalten lassen und in Scheiben schneiden; Navetten und Karotten ganz lassen.
- Den Lauch in schräge Stücke schneiden. Navetten, Karotten und Lauch einzeln in kochendes Salzwasser geben und knackig garen.
- Auf ein Sieb gießen und kalt überbrausen.
- Kartoffeln schälen und in Salzwasser etwa 20 Minuten garen, auf ein Sieb gießen und ausdampfen lassen, dann durch die Kartoffelpresse drücken.
- Mehl und Bier verrühren sowie Salz zufügen. Zur Kartoffelmasse geben und glattrühren.
- Eiweiß sehr vorsichtig unterheben.
- Die Gemüse durch den Teig ziehen und im 180 Grad heißen Öl 6–7 Minuten fritieren.

Tip: Probieren Sie auch andere Gemüsesorten, z. B.: Broccoli, Maiskölbchen, Staudensellerie, Paprika usw.

| |
|---|
| 4 Portionen |
| Pro Portion: 1876 kJ (409 kcal) |
| Salatempfehlung: — |
| Getränk: Weißwein · Bier |

149

150

## Kartoffelnester

| |
|---|
| 1 kg Kartoffeln (festkochend) |
| Öl zum Fritieren |
| 1 Bund junge Rote Bete |
| 1 Bund Navetten (weiße Rüben) |
| 1 Bund junge Karotten |
| 6 EL Butter |
| 1 Bund feingehackte Petersilie |
| 1 Bund in feine Streifen geschnittenes Basilikum |

- Kartoffeln schälen und in dünne Scheiben schneiden. Die Scheiben in sehr dünne Streifen schneiden (etwa streichholzgroß). Kartoffeln wässern, auf ein Sieb gießen und mit Küchenkrepp gründlich trockentupfen.
- Die Kartoffeln portionsweise in ein doppeltes Fritiersieb (siehe Foto) geben und im 180 Grad heißen Öl etwa 6–7 Minuten fritieren.
- Auf Küchenkrepp abtropfen lassen und mit Salz bestreuen.
- Gemüse putzen und schälen.
- Rote Bete in kochendes Salzwasser geben und 20 Minuten garen.
- Auf ein Sieb gießen und nach dem Erkalten vierteln.
- Navetten und Karotten in kochendes Salzwasser geben und knackig garen.
- Auf ein Sieb gießen und kalt überbrausen.
- 2 EL Butter je Gemüse erhitzen, die Gemüse darin schwenken.
- Karotten mit Petersilie, Navetten mit Basilikum bestreuen.
- Kartoffelnester mit Gemüse angerichtet servieren.

| |
|---|
| 4 Portionen |
| Pro Portion: 1455 KJ (355 Kcal) |
| Salatempfehlung: — |
| Getränk: Weißwein · Bier |

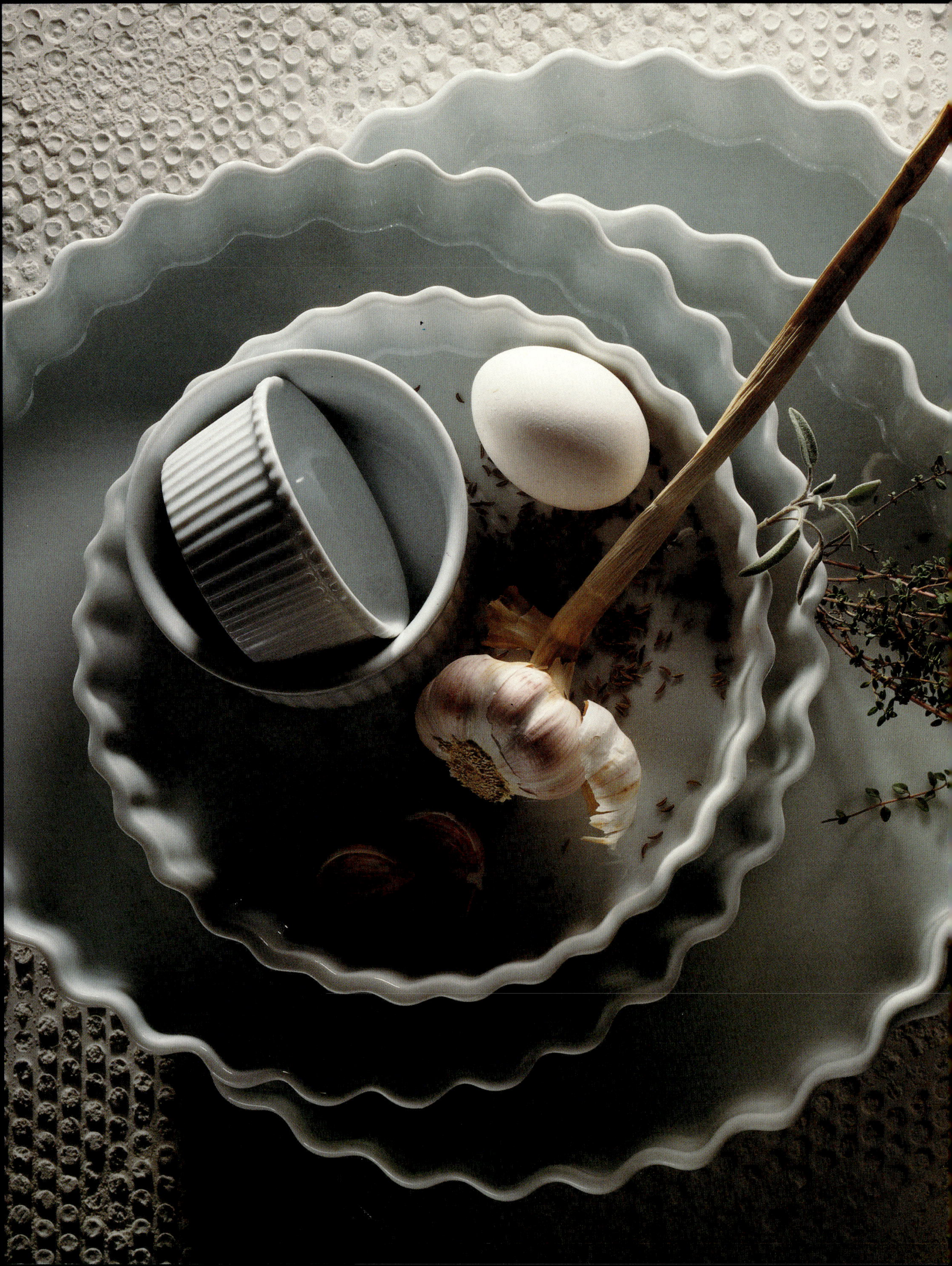

# GRATINS & AUFLÄUFE

**M**it dem Gratin dauphinois ist die Kartoffel endgültig in den Hochadelsstand erhoben worden. Überbackene Kartoffelscheiben auf Thronfolgerart, das ist in seiner Urform das einfachste Auflaufrezept der Welt und trotzdem findet man es als exquisite Beilage in fast jedem Sterne-Restaurant. Aufläufe lassen sich schier endlos variieren, sie kommen als Vorspeise in winzigen Förmchen daher oder als komplette Mahlzeit mit sättigenden Zutaten. Praktisch an der goldüberkrusteten Pracht: So ein Essen kann fix und fertig vorbereitet werden. Rechtzeitig in den Ofen geschoben, steht es ohne weitere Arbeit pünktlich auf dem Tisch.

## Zucchini-Gratin

*250 g Pellkartoffeln (festkochend)*
*250 g Zucchini*
*1 EL Butter*
*2 Knoblauchzehen*
*¼ l süße Sahne*
*1 Bund feingehackter Estragon*
*50 g frisch geriebener Emmentaler*
*50 g Butterflöckchen*
*Salz*
*frisch gemahlener Pfeffer*

- Gekochte Kartoffeln noch warm pellen und in Scheiben teilen.
- Zucchini waschen, in Scheiben schneiden.
- Eine Auflaufform ausbuttern und Kartoffeln und Zucchini schuppenartig darin anordnen.
- Knoblauch durch die Presse drücken.
- Sahne mit Knoblauch, Salz, Pfeffer und Estragon verrühren.
- Sahne über das Gemüse gießen, Käse darüberstreuen und mit Butterflöckchen belegen, im 225 Grad heißen Backofen etwa 20–25 Minuten hellgoldbraun überbacken.

4 Portionen
Pro Portion: 1529 KJ (373 Kcal)
Salatempfehlung: —
Getränk: Weißwein

155

## Sahne-Gratin

600 g Kartoffeln (festkochend)
1 EL Butter
400 g süße Sahne
2 EL Butterflöckchen
Salz
frisch gemahlener Pfeffer

- Kartoffeln schälen, in dünne Scheiben schneiden und wässern.
- Auf ein Sieb gießen und mit Küchenkrepp trockentupfen.
- Eine Auflaufform ausbuttern, salzen und pfeffern.
- Kartoffeln darin blütenförmig anordnen.
- Mit Salz und Pfeffer würzen.
- Sahne angießen und die Butterflöckchen darauf verteilen.
- Im 220 Grad heißen Backofen etwa 30 Minuten backen (die Sahne soll von den Kartoffeln fast aufgesogen sein und es soll sich eine leichte Bräune gebildet haben).

4 Portionen
Pro Portion: 1779 KJ (434 Kcal)
Salatempfehlung: —
Getränk: Weißwein

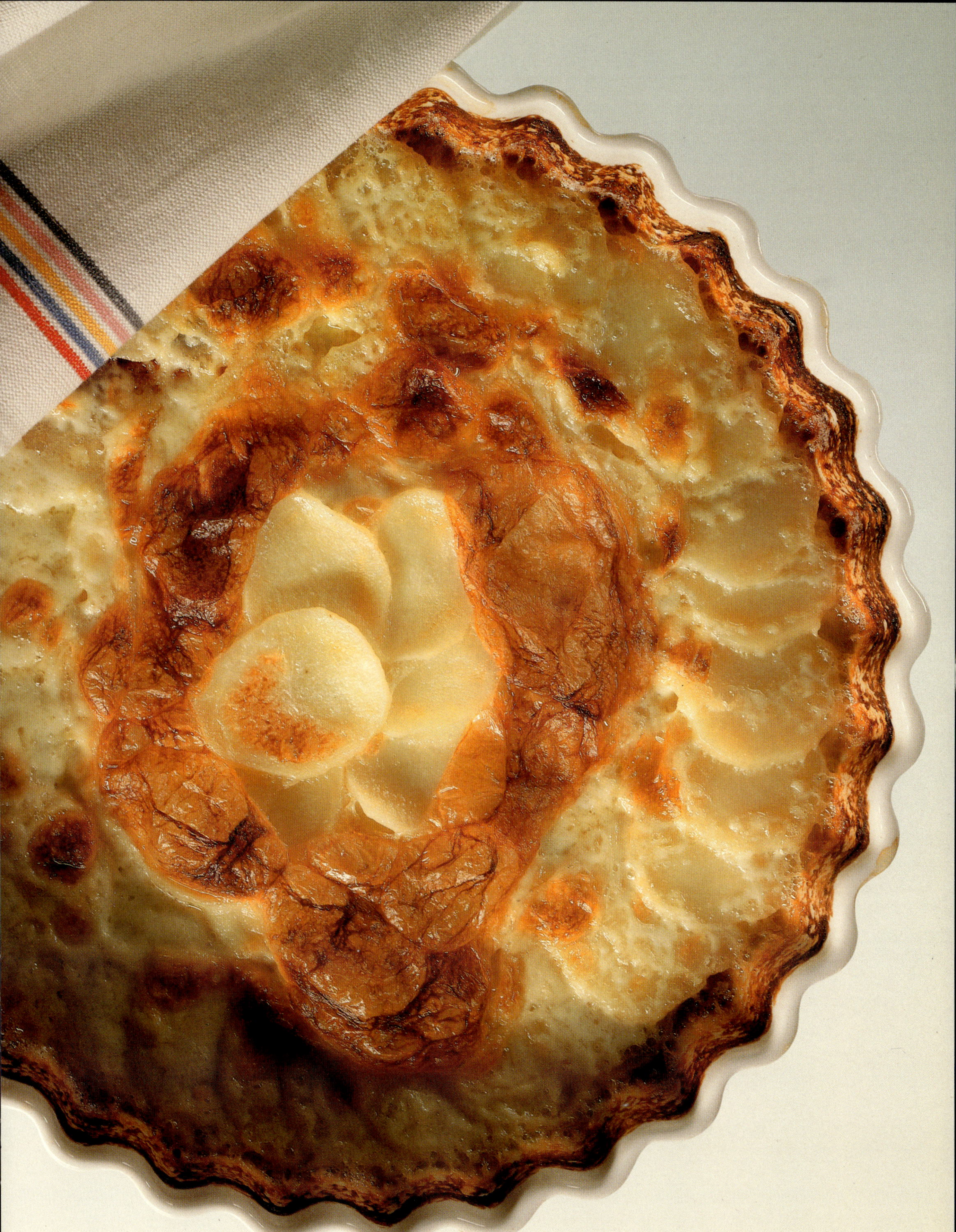

# Auberginen-Auflauf

| |
|---|
| 2 kleine Auberginen (300 g) |
| Salz |
| 4 EL Olivenöl |
| 1 feingehackte Zwiebel |
| 1 feingehackte Knoblauchzehe |
| 400 g Tomaten |
| 1 Bund Basilikum |
| 700 g Kartoffeln (festkochend) |
| 200 g Mozzarellakäse |
| 1 EL Butter |
| Salz |
| frisch gemahlener Pfeffer |

- Auberginen in Scheiben schneiden, mit Salz bestreuen und beschwert ca. ½ Stunde ziehen lassen. Mit Küchenkrepp trockentupfen.
- 3 EL Öl erhitzen und die Auberginen (evtl. in zwei Arbeitsgängen) darin anbraten.
- 1 EL Öl erhitzen, Zwiebel und Knoblauch darin andünsten.
- Tomaten waschen, grob zerteilen, dazugeben und 45 Minuten köcheln lassen.
- Tomaten durchpassieren und mit Salz und Pfeffer abschmecken.
- Basilikum in feine Streifen schneiden und zur Sauce geben.
- Kartoffeln schälen und in Scheiben schneiden.
- In kochendem Salzwasser 5 Minuten garen und auf ein Sieb gießen.
- Mozzarellakäse abtropfen lassen und in Scheiben schneiden.
- Eine Auflaufform ausbuttern und abwechselnd Auberginen, Kartoffeln, Mozzarella und Tomatensauce einschichten. Mit Tomatensauce und Mozzarella abschließen.
- Im 200 Grad heißen Backofen etwa 40 Minuten überbacken.

| |
|---|
| 4 Portionen |
| Pro Portion: 1283 KJ (313 Kcal) |
| Salatempfehlung: — |
| Getränk: Rotwein |

159

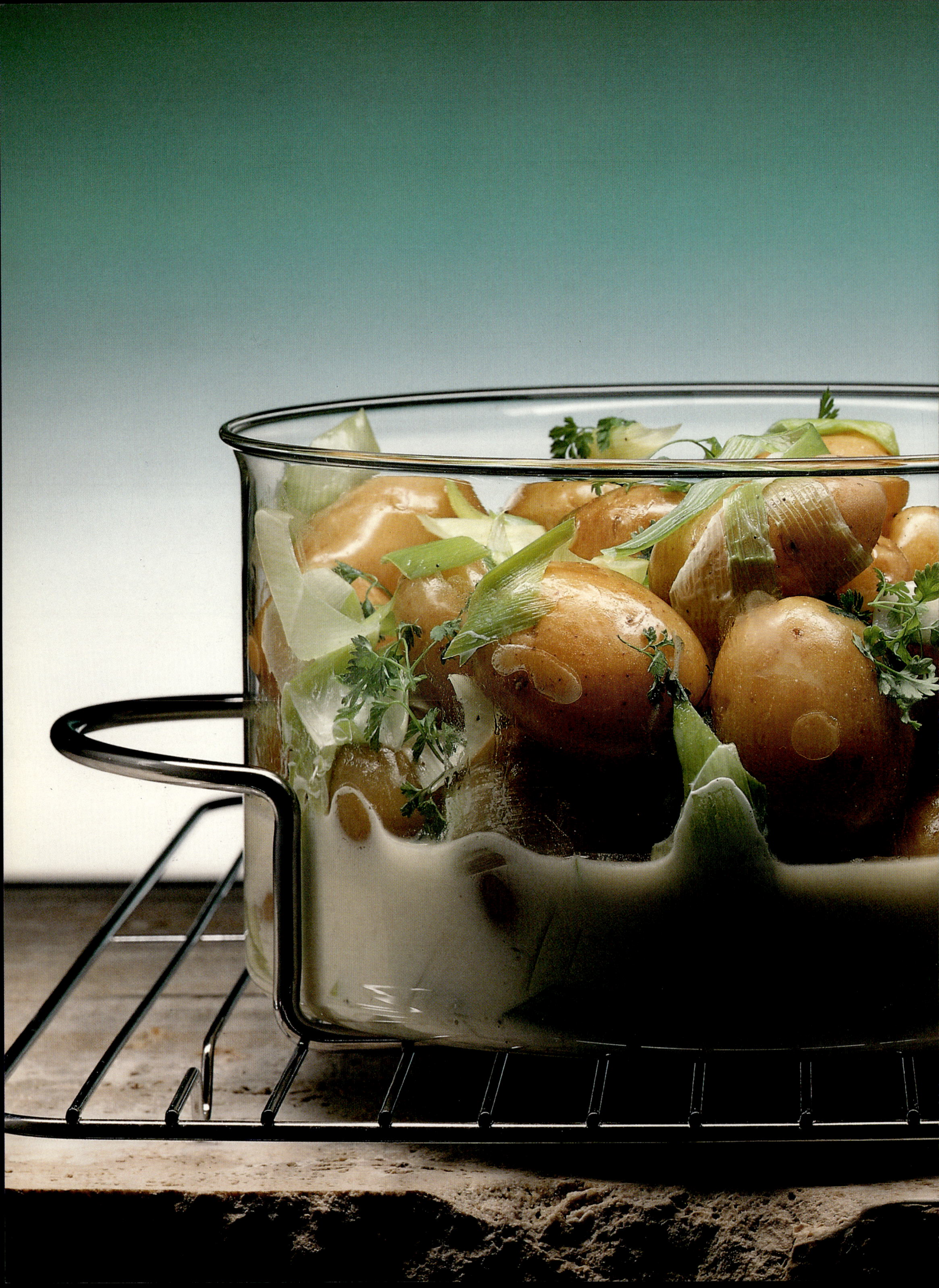

## Lauch-Gratin mit Kerbel

| |
|---|
| *1 kg neue kleine Kartoffeln* |
| *400 g Lauch* |
| *1 EL Butter* |
| *100 g Kerbel* |
| *400 g süße Sahne* |
| *40 g Butterflöckchen* |
| *Salz* |
| *frisch gemahlener Pfeffer* |

- Kartoffeln waschen und bürsten.
- Vom Lauch dunkelgrüne Teile entfernen, dann schräg in Stücke schneiden.
- Lauch in kochendem Salzwasser 1 Minute garen, auf ein Sieb gießen und kalt überbrausen.
- Eine Auflaufform ausbuttern, mit dem Lauch belegen.
- Die Kartoffeln darüber geben, mit Salz und Pfeffer würzen.
- Den Kerbel darauf verteilen und mit der Sahne angießen.
- Die Butterflöckchen darauf verteilen, die Form mit Alufolie verschließen.
- Im 200 Grad heißen Ofen etwa 60 Minuten garen.

| |
|---|
| 4 Portionen |
| Pro Portion: 2405 KJ (586 Kcal) |
| Salatempfehlung: — |
| Getränk: Weißwein |

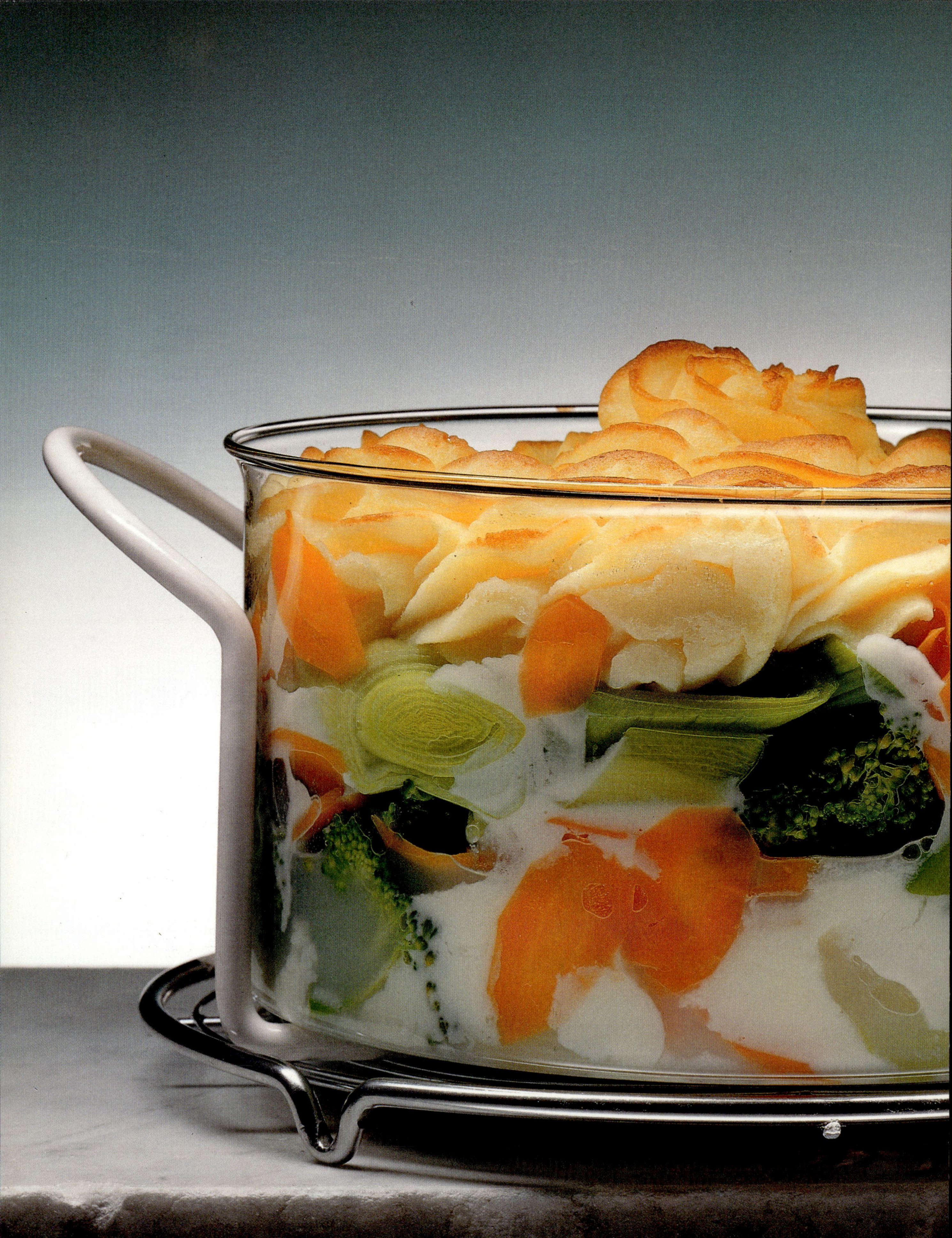

## Gemüse-Auflauf

| |
|---|
| *1 kg Kartoffeln (mehlig)* |
| *¼ l Milch* |
| *100 g Butter* |
| *500 g Broccoli* |
| *1 Bund Karotten* |
| *2–3 kleine Kohlrabi* |
| *2 Stangen Lauch* |
| *40 g Butter* |
| *2 EL Mehl* |
| *½ l Milch* |
| *100 g frisch geriebener Emmentaler* |
| *1 EL Butter, 100 g Butterflöckchen* |
| *Salz, frisch gemahlener Pfeffer, Muskat* |

- Kartoffeln schälen und in kochendem Salzwasser etwa 20 Minuten garen.
- Auf ein Sieb gießen und ausdampfen lassen. Noch heiß durch die Kartoffelpresse drücken.
- Milch und Butter zusammen aufkochen, zur Kartoffelmasse geben, vermischen.
- Mit Salz, Pfeffer und Muskat abschmecken.
- Die Gemüse waschen und putzen, evtl. schälen.
- Den Broccoli in Röschen teilen.
- Karotten und Kohlrabi in Scheiben schneiden.
- Den Lauch in schräge Stücke schneiden.
- Die Gemüse einzeln in Salzwasser knackig garen, auf ein Sieb gießen und kalt überbrausen.
- Butter erhitzen, das Mehl zugeben und verrühren.
- Die Milch langsam zugeben, dabei ständig rühren, so daß keine Klümpchen entstehen, aufkochen und danach 15 Minuten köcheln lassen.
- Den Käse einrühren und Sauce mit Salz und Pfeffer abschmecken.
- Eine Auflaufform ausbuttern, das Gemüse darin schichten und mit der Käsesauce übergießen.
- Das Püree in einen Spritzsack mit Sterntülle füllen und Röschen auf den Auflauf spritzen.
- Butterflöckchen verteilen und im 180 Grad heißen Backofen 40 Minuten überbacken.

| |
|---|
| 4 Portionen |
| Pro Portion: 3840 KJ (937 Kcal) |
| Salatempfehlung: — |
| Getränk: Weißwein |

## Apfel-Maultaschen

| |
|---|
| 1 kg Kartoffeln (mehlig) |
| 150 g Mehl |
| Salz |
| 2 Eier |
| 100 g zerlassenes Butterschmalz |
| 500 g grüne Äpfel |
| 2 cl Calvados |
| 125 g Zucker |
| 200 g saure Sahne |
| Mehl zum Ausrollen |
| 1/8 l Milch |
| 3 EL Zucker |
| 1 EL Zimt |

- Kartoffeln schälen und in Salzwasser etwa 20 Minuten garen.
- Auf ein Sieb gießen und ausdämpfen lassen.
- Kartoffeln noch heiß durch die Kartoffelpresse drücken und etwas abkühlen lassen.
- Mehl, Salz und Eier zur Kartoffelmasse geben und zu einem Teig verkneten.
- Den Teig zu einer Rolle von 5 cm Durchmesser formen, davon 6 cm lange Stücke abschneiden.
- Die Teigstücke auf der bemehlten Arbeitsfläche zu runden Fladen (ca. 15 cm Durchmesser) ausrollen und mit Butterschmalz bestreichen.
- Die Äpfel schälen, entkernen und vierteln. Viertel in dünne Scheiben schneiden und mit Calvados beträufeln.
- 5 Minuten einziehen lassen und auf die Teigfladen verteilen, zuckern und je 1 EL saure Sahne daraufgeben.
- Die Teigfladen aufrollen, dabei an den Seiten etwas einschlagen und an den Enden festdrücken.
- Eine Auflaufform mit Butterschmalz einfetten, die Maultaschen darin dicht nebeneinander legen und mit Butterschmalz bepinseln.
- Im 200 Grad heißen Backofen etwa 40 Minuten backen.
- Wenn die Oberfläche leicht gebräunt scheint, die Milch erhitzen und darübergießen.
- Weiterbacken, bis die Füssigkeit aufgesogen ist.
- Zucker und Zimt vermischen und darüber streuen.

4 Portionen
Pro Portion: 3410 KJ (831 Kcal)

165

# Kartoffelsoufflé

| |
|---|
| 750 g Kartoffeln (mehlig) |
| 60 g Butter |
| 3 Eigelb |
| 70 g frisch geriebener Emmentaler |
| 3 steifgeschlagene Eiweiß |
| 1 EL Butter |
| Semmelbrösel für die Form |
| 30 g frisch geriebener Emmentaler |
| 20 g Butterflöckchen |
| Salz |
| Muskat |

- Kartoffeln schälen und in Salzwasser etwa 20 Minuten garen.
- Auf ein Sieb gießen und ausdampfen lassen.
- Durch die Kartoffelpresse drücken, etwas abkühlen lassen.
- Die Butter nach und nach in die Kartoffelmasse rühren.
- Eigelb und Käse hinzufügen und mit Salz und Muskat abschmecken.
- Das Eiweiß vorsichtig unterheben.
- Eine Auflaufform ausbuttern und mit Semmelbrösel ausstreuen.
- Kartoffelmasse einfüllen (zu höchstens ¾ gefüllt!) mit Käse bestreuen und die Butterflöckchen verteilen.
- Im 200 Grad heißen Backofen etwa 60 Minuten backen.

| |
|---|
| 4 Portionen |
| Pro Portion: 1753 KJ (427 Kcal) |
| Salatempfehlung: — |
| Getränk: Weißwein |

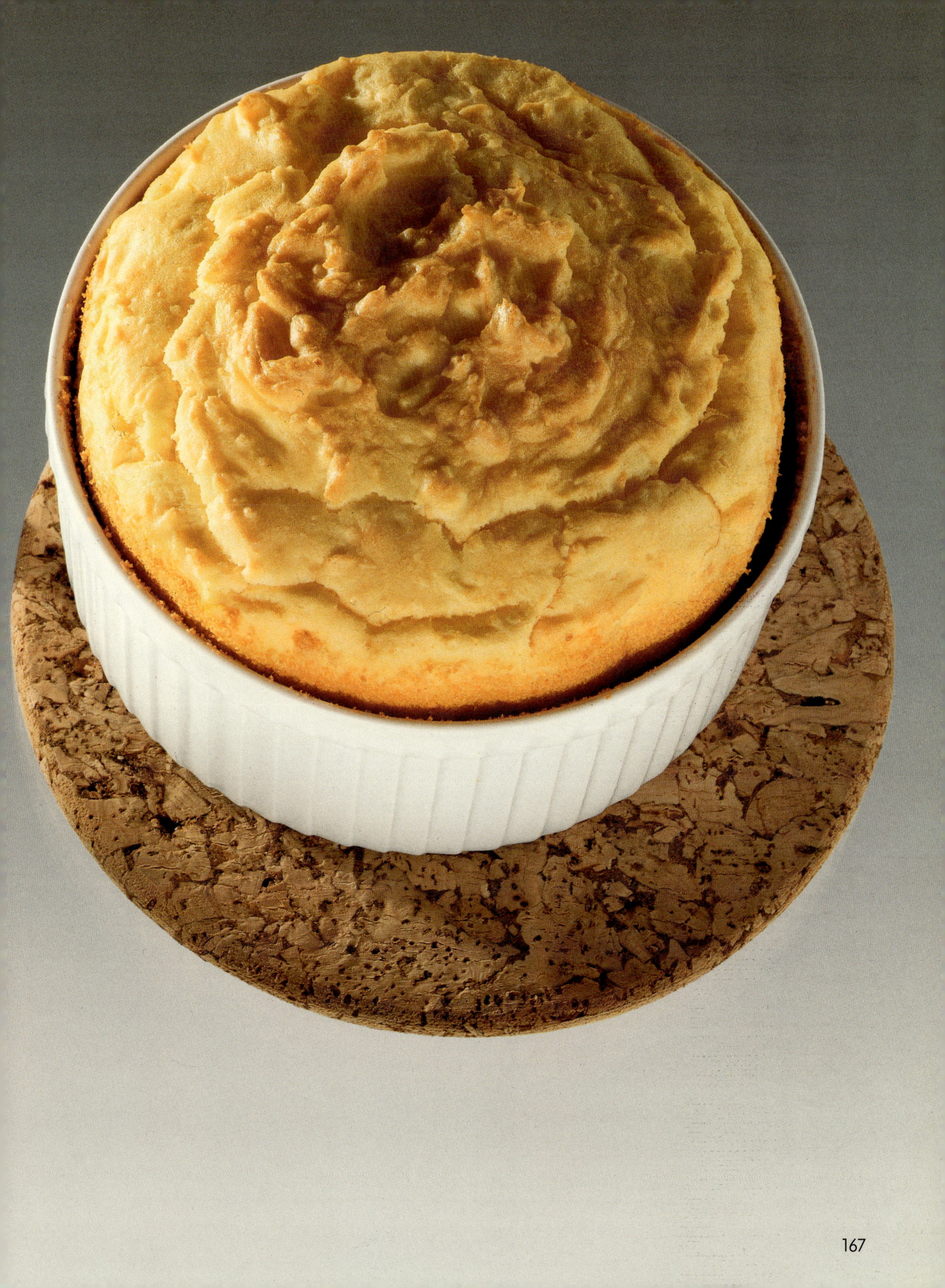

# OFEN-
SPEZIALITÄTEN

## Kartoffeln mit Rosmarin und Knoblauch

| |
|---|
| *1 kg kleine Kartoffeln (festkochend)* |
| *6 EL Olivenöl* |
| *6 Knoblauchzehen* |
| *3 Zweige Rosmarin* |
| *grobes Salz (Hagelsalz)* |

- Die Kartoffeln waschen und bürsten, sodann halbieren, auf ein Backblech schichten und mit Olivenöl beträufeln.
- Den Knoblauch schälen und quer in feine Scheiben schneiden.
- Vom Rosmarin die Nadeln zupfen.
- Die Kartoffeln nun mit Knoblauch und Rosmarin bestreuen und mit dem Salz würzen.
- Das Backblech mit Backtrennpapier abdecken, die Kartoffeln im 200 Grad heißen Backofen etwa 20 Minuten garen.
- Nach dem Herausnehmen das Papier entfernen und die Kartoffeln wenden.
- Die Kartoffeln nochmals 25–30 Minuten zu Ende backen.

| |
|---|
| 4 Portionen |
| Pro Portion: 848 KJ (207 Kcal) |
| Salatempfehlung: 5 |
| Getränk: Rotwein |

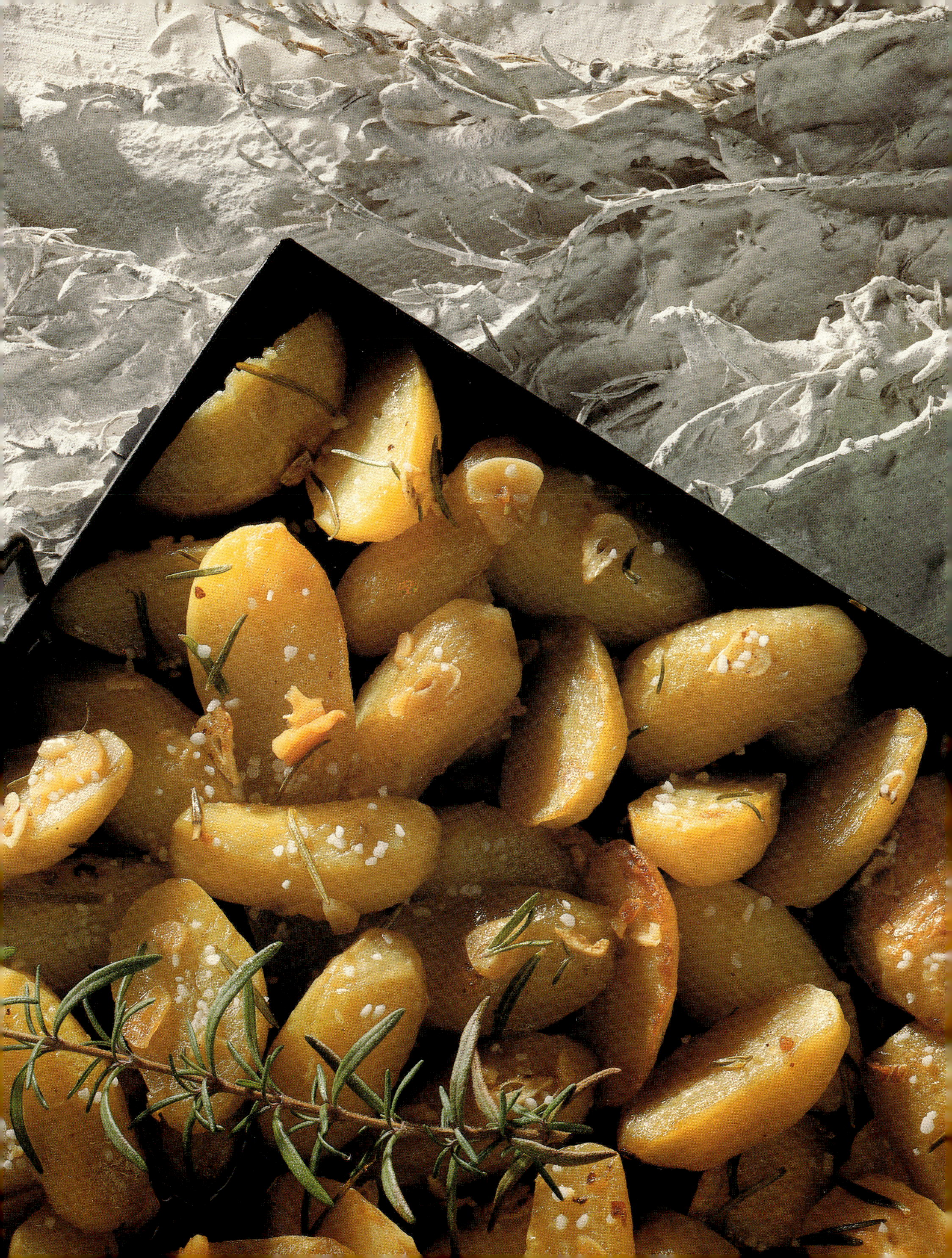

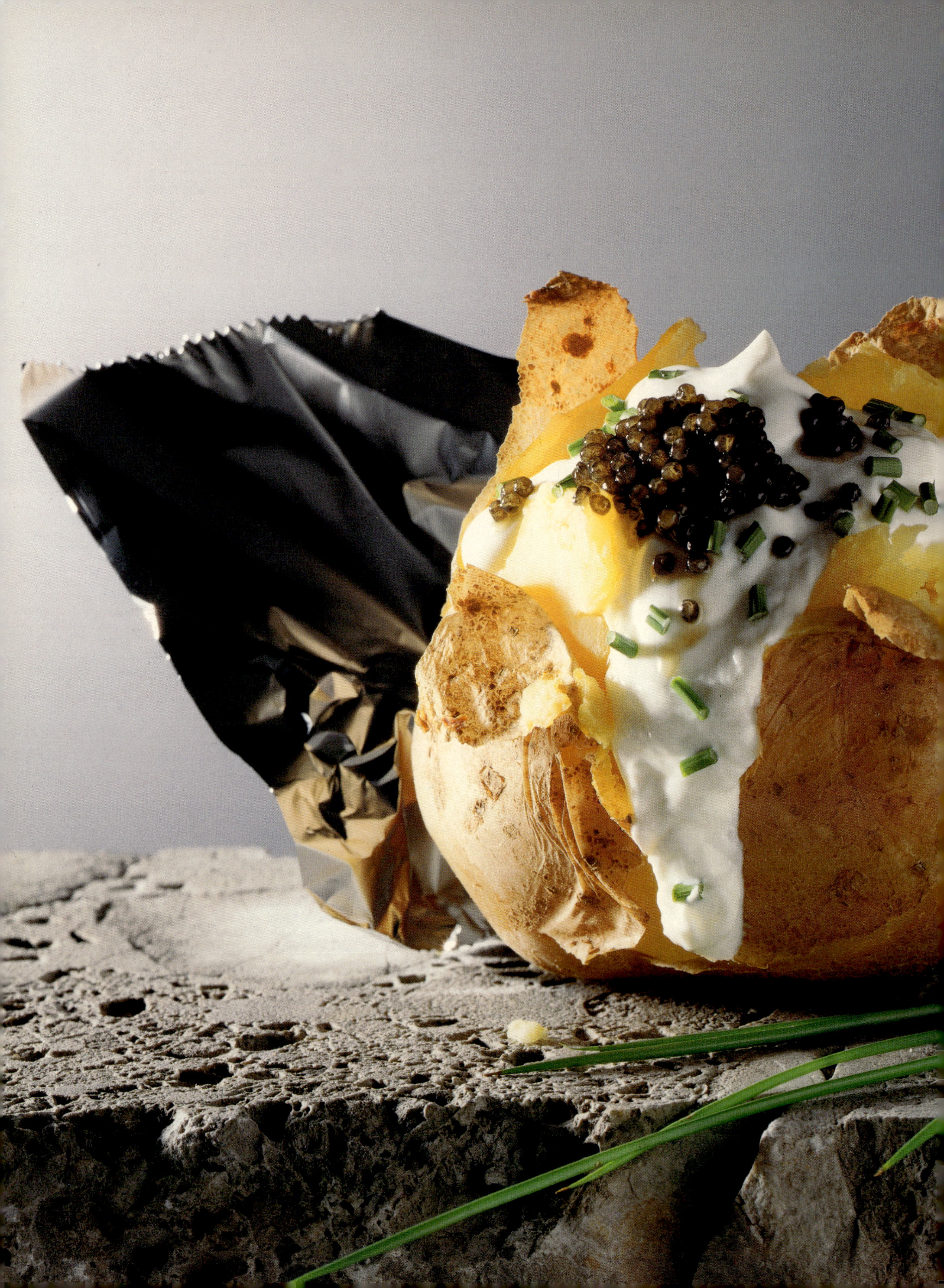

## Folienkartoffeln

| |
|---|
| 4 mittelgroße Kartoffeln |
| (vorwiegend festkochend) |
| Alufolie |
| 200 g Crème fraîche |
| 1 Bund feingeschnittener Schnittlauch |
| 50 g Caviar |

- Kartoffeln waschen und bürsten. Diese einzeln auf genügend große Alufolie legen und einwickeln.
- Im 200–225 Grad heißen Backofen etwa 60 Minuten garen.
- Crème fraîche mit Salz und Pfeffer würzen und den Schnittlauch unterrühren.
- Kartoffeln aus der Folie nehmen und die Oberfläche mittels einer Gabel leicht aufbrechen.
- Die Crème fraîche daraufgeben und mit Caviar bestreut servieren.

| |
|---|
| 4 Portionen |
| Pro Portion: 789 KJ (192 Kcal) |
| Salatempfehlung: — |
| Getränk: Champagner · Weißwein |

## Kartoffelpastete

| |
|---|
| 500 g Kartoffeln (mehlig) |
| (oder Fertigprodukt Püree) |
| 300 g Mehl |
| 150 g Butter |
| ½ TL Salz |
| ¹/₁₀ l Wasser |
| 2 Eier |
| Mehl zum Ausrollen |
| 1 EL Butter |
| 150 g feingewürfelter Emmentaler |
| 2 Eigelb |
| 50 g Mehl |
| ²/₁₀ l Wasser |
| ¹/₁₀ l Milch |
| 2 steifgeschlagene Eiweiß |

- Kartoffeln schälen und in Salzwasser etwa 20 Minuten garen.
- Auf ein Sieb gießen und ausdampfen lassen.
- Mehl und Butter miteinander verkneten, Salz, Wasser und Eier hinzufügen und das Ganze zu einem geschmeidigen Teig verarbeiten.
- Auf einem bemehlten Holzbrett rund ausrollen (Durchmesser ca. 29 cm).
- Entsprechend große Backform ausbuttern und den Teig hineingeben.
- Die Kartoffeln durch die Kartoffelpresse drücken und den Käse untermischen.
- Eigelb mit Mehl, Wasser und Milch verrühren und das Eiweiß darunterheben.
- Alles zur Kartoffelmasse geben und sehr vorsichtig unterheben.
- Die Masse in die mit dem Teig ausgelegte Backform füllen.
- Im 200 Grad heißen Backofen etwa 30–40 Minuten hellgoldbraun überbacken.

| |
|---|
| 4 Portionen |
| Pro Portion: 3822 KJ (932 Kcal) |
| Salatempfehlung: — |
| Getränk: Cidre |

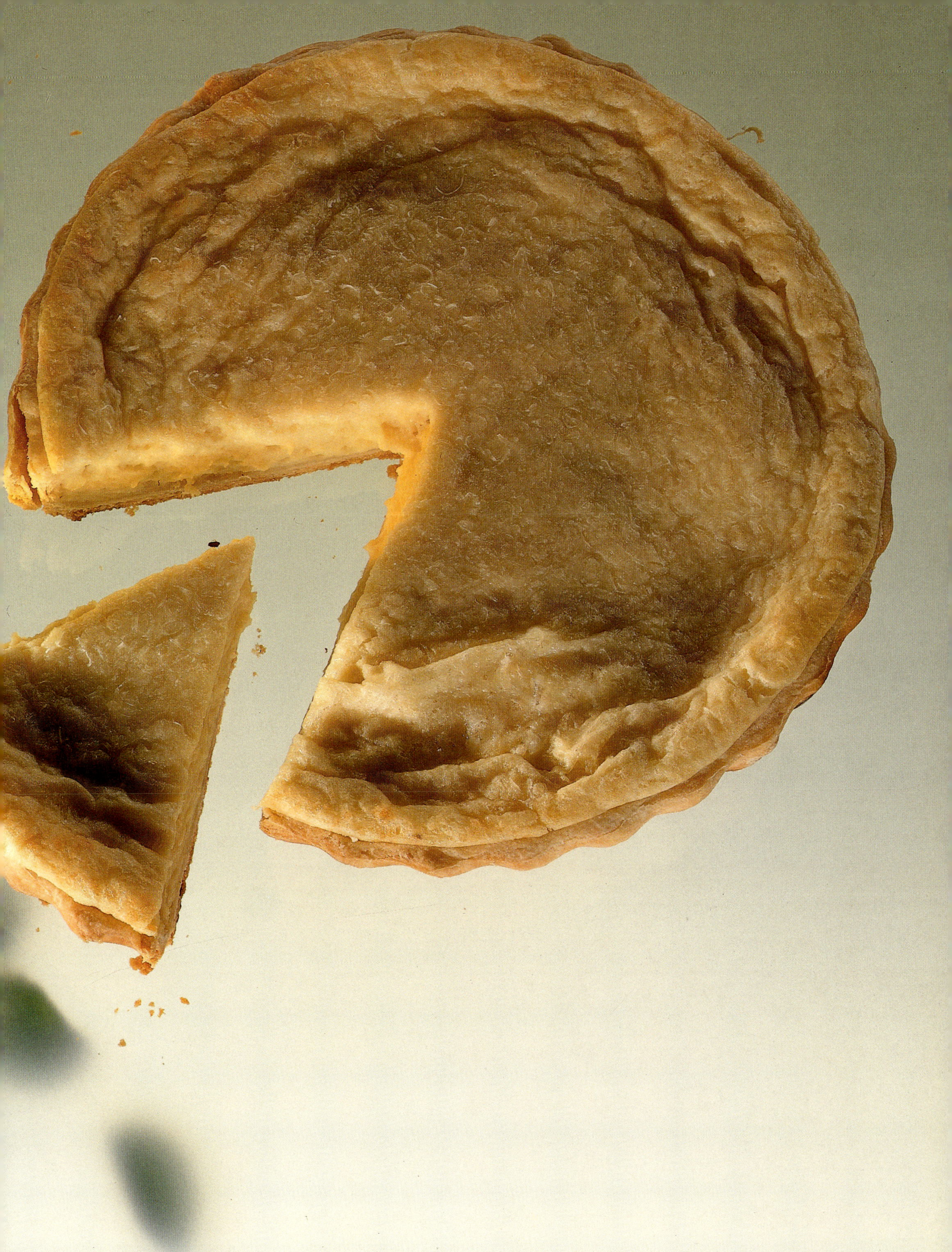

## Kartoffelstrudel

*300 g Mehl, gesiebt*
*1 Ei, 1 TL Salz, 1 EL Öl*
*¹/₁₀ l warmes Wasser, ½ EL Essig*
*250 g Kartoffeln (mehlig)*
*60 g Butter, 60 g Zucker, 2 Eigelb*
*1 Zitrone (unbehandelt),*
*Schale abgerieben und ausgepreßt*
*50 g Mandeln, geschält und feingemahlen*
*⅛ l süße Sahne, 50 g Sultaninen*
*2 steifgeschlagene Eiweiß*
*Mehl zum Ausrollen*
*Semmelbrösel zum Bestreuen*
*1 EL Butter, Puderzucker zum Bestreuen*

- In die Mitte des gesiebten Mehls eine Vertiefung drücken, das Ei, Salz und Öl hineingeben.
- Wasser mit Essig vermischen und nach und nach zum Mehl geben, das Ganze sehr schnell zu einem geschmeidigen Teig verarbeiten. Den Teig etwa 15 Minuten ruhen lassen.
- Kartoffeln schälen und in Salzwasser etwa 20 Minuten garen.
- Auf ein Sieb gießen und ausdämpfen lassen. Noch heiß durch die Kartoffelpresse drücken.
- Butter schaumig rühren und den Zucker nach und nach unterrühren.
- Eigelb zugeben und zu einer cremigen Masse rühren.
- Zitronenschale, -saft, Mandeln, Sahne und Sultaninen zugeben und verrühren. Alles zur Kartoffelmasse geben und vermischen.
- Das Eiweiß vorsichtig unterheben.
- Nun den Teig auf einem großen bemehlten Tuch ausrollen, dann zu einer Größe von 50×70 cm dünn ausziehen.
- Den Teig bis auf einen Rand von 3 cm mit Semmelbrösel bestreuen und die Füllung darauf verteilen.
- Den Teig, beginnend von der längeren Seite aufrollen und an den Enden gut zusammendrücken.
- Backblech mit Butter einfetten und den Strudel darauflegen.
- Butter zerlassen, den Strudel damit einpinseln.
- Im 220 Grad heißen Backofen etwa 50 Minuten goldbraun backen.
- Mit Puderzucker bestreut servieren.

4 Portionen
Pro Portion: 3185 KJ (777 Kcal)

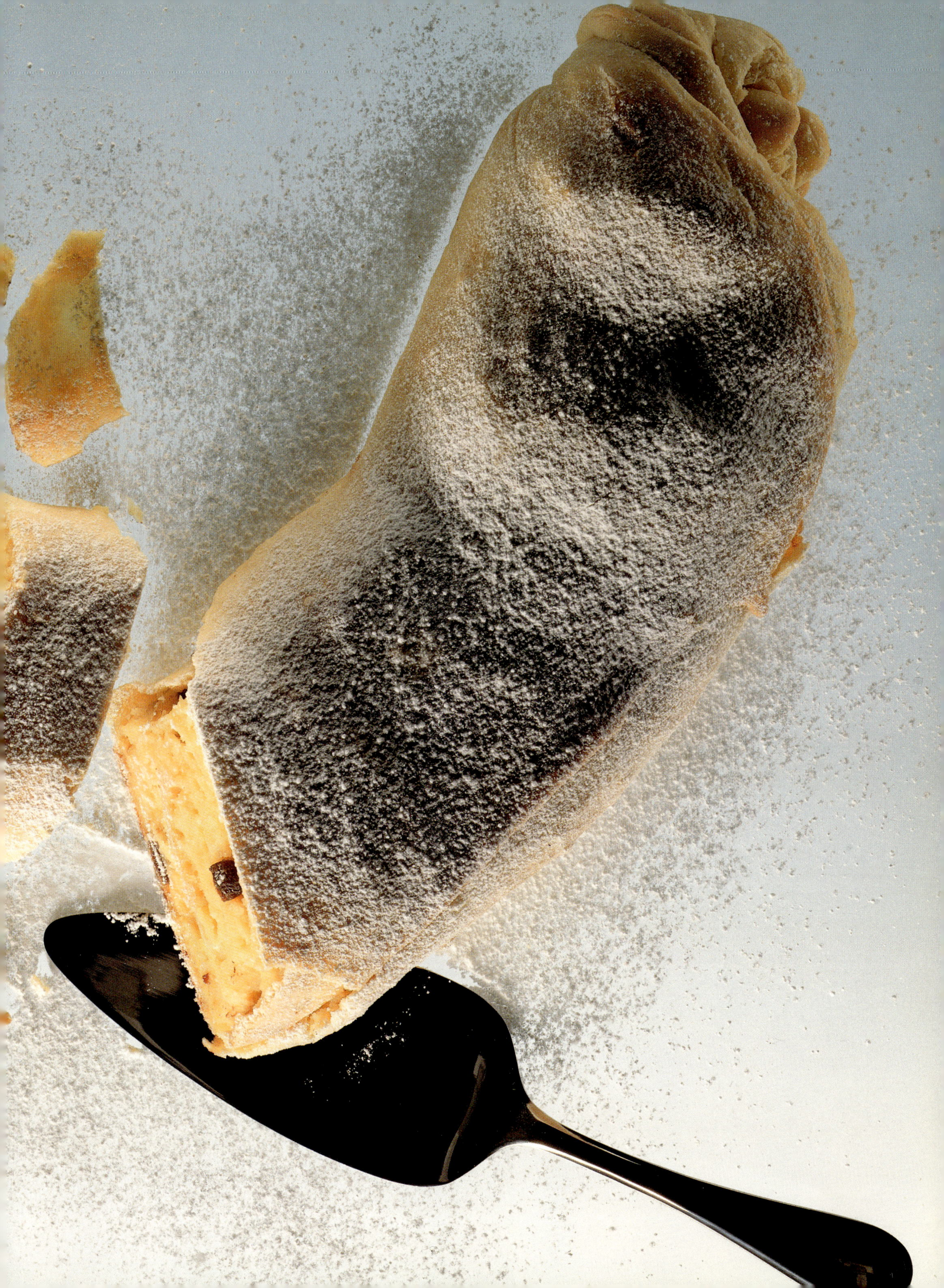

# BROT & GEBÄCK

**W**er's noch nie probiert hat, wird es kaum glauben: Mit Kartoffeln kann man sogar Brot backen! Die zwei Brotsorten und das salzige Gebäck auf den folgenden Seiten sollten Sie zur Verblüffung Ihrer Gäste mal für einen gemütlichen Imbiß einplanen, am besten so, daß das herzhafte Gebäck frisch und heiß aus dem Ofen auf den Tisch kommt. Wenn Sie noch ausgelassenes Grieben- oder Gänseschmalz dazustellen, werden Ihre Gäste ungeahnten Appetit entwickeln...
Übrigens: Auch für feine Torten ist Kartoffelteig gut – das beweist unser Rezept für eine Kartoffel-Mandeltorte auf Seite 182.

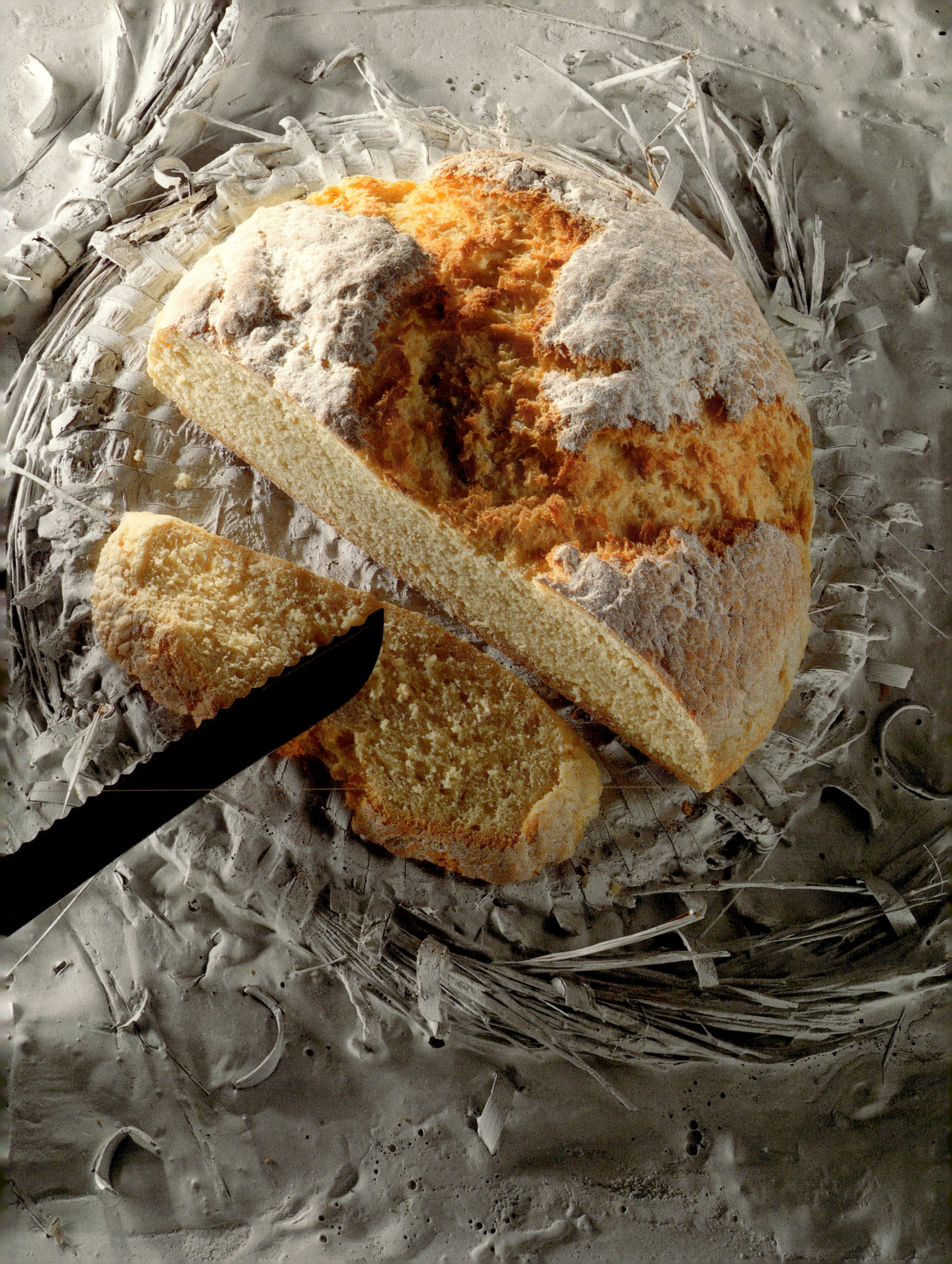

## Würziges Kartoffelbrot

| |
|---|
| *200 g Pellkartoffeln* |
| *1 Würfel Hefe* |
| *etwas Zucker* |
| *1 Chilischote* |
| *2 EL grüner Pfeffer* |
| *500 g Mehl* |
| *2 TL Salz* |
| *1½ EL milder Curry* |
| *Butter für die Backform* |
| *1 Eigelb* |
| *etwas Milch* |

- Kartoffeln noch warm schälen und mit der Gabel zerquetschen.
- Hefe und Zucker in ⅛ lauwarmem Wasser auflösen.
- Chilischote im Mörser zerstoßen.
- Kartoffelmasse mit Chili, grünem Pfeffer, Mehl, Salz und Curry vermischen.
- Die Hefemischung sowie zusätzlich Wasser hinzufügen und zu einem geschmeidigen Teig verarbeiten.
- Den Teig zugedeckt an einem warmen Ort etwa 30 Minuten gehen lassen.
Nochmals gut durchkneten.
- Eine Kastenform ausbuttern, den Teig hineingeben.
- Das Eigelb mit Milch verrühren und den Teig damit bepinseln.
- Den Teig kreuzweise einschneiden und nochmals etwa 20 Minuten gehen lassen.
- Im 200 Grad heißen Backofen etwa 40 Minuten backen.
- Herausnehmen und nach dem Erkalten aus der Kastenform lösen.

## Kartoffelbrot

| |
|---|
| *500 g Kartoffeln (mehlig)* |
| *40 g Hefe* |
| *³⁄₁₀ l Wasser* |
| *³⁄₁₀ l Milch* |
| *1 kg Hartweizenmehl* |
| *2 TL Salz* |
| *Prise Muskat* |

- Die Kartoffeln schälen und in Salzwasser etwa 20 Minuten garen.
- Auf ein Sieb gießen und ausdampfen lassen.
- Durch die Kartoffelpresse drücken.
- Die Hefe in 6 EL lauwarmem Wasser- und Milchgemisch auflösen.
- Das Mehl und Salz in eine Schüssel sieben, Muskat zugeben und die Kartoffelmasse ins Mehl kneten, bis eine glatte Mischung entsteht.
- Die aufgelöste Hefe mit Restflüssigkeit zufügen und den Teig gut durchkneten.
- Den Teig zugedeckt an einem warmen Ort etwa 2 Stunden gehen lassen
(bis zum doppelten Volumen).
- Teig nochmals durchkneten und mit behmehlten Händen zu einem runden Laib formen.
- Den Laib auf ein bemehltes Backblech legen, mit einem feuchten Tuch abdecken und nochmals etwa 30 Minuten gehen lassen.
- Den Laib im 220 Grad heißen Ofen etwa 45 Minuten backen, bis er eine hellgoldbraune Kruste hat.

## Kartoffelbrioche

| |
|---|
| 750 g Kartoffeln (mehlig) |
| 2 Eier |
| 2 TL Salz |
| Cayennepfeffer |
| Muskat |
| Butter für die Förmchen |
| 1 Scheibe Emmentaler (fingerdick) |
| 60 g zerlassene Butter |
| Semmelbrösel zum Bestreuen |

- Kartoffeln schälen und in Salzwasser etwa 20 Minuten garen.
- Auf ein Sieb gießen und durch die Kartoffelpresse drücken.
- Im 100 Grad heißen Ofen etwa 12 Minuten ausdampfen lassen.
- Kartoffelmasse mit Eiern zu einem Teig verrühren und mit Salz, Cayennepfeffer und Muskat würzen.
- Den Teig aufteilen in 2/3 und 1/3 der Menge.
- Aus jedem Teil 10 gleiche Kugeln formen.
- 10 Souffléförmchen ausbuttern und die großen Kugeln hineinlegen.
- Mit dem Messer etwa 1 cm tief kreuzweise einschneiden.
- Den Käse in 10 gleichgroße Würfel schneiden und je 1 Würfel in den Kreuzschnitt drücken.
- Die kleinen Kugeln darauf setzen und mit der zerlassenen Butter bepinseln.
- Mit Semmelbröseln bestreuen und im 200 Grad heißen Ofen etwa 15–20 Minuten backen, bis die Brioche eine goldbraune Kruste haben.

## Kartoffelstangen

| |
|---|
| 150 g Kartoffeln (mehlig) |
| 150 g Butter |
| 150 g Mehl |
| Salz |
| 1 Eigelb |
| 2 EL süße Sahne |
| grobes Salz zum Bestreuen |
| Mohn zum Bestreuen |
| Kümmel zum Bestreuen |

- Kartoffeln schälen und in Salzwasser etwa 20 Minuten garen.
- Auf ein Sieb gießen und ausdampfen lassen.
- Durch die grobe Kartoffelreibe reiben.
- Kartoffelmasse mit Butter und Mehl vermischen und mit Salz abschmecken.
- Zu einem geschmeidigen Teig verkneten, in vier Portionen teilen und die Teile zu Rollen formen.
- Jede Rolle in 16 Stücke schneiden.
- Jedes Stück zu einer fingerdicken Stange rollen und mit dem Messer diagonal mehrmals leicht einritzen.
- Eigelb und Sahne verquirlen und die Stangen bepinseln.
- Je 1/3 der Stangen mit jeweils Salz, Mohn und Kümmel bestreuen.
- Im 200 Grad heißen Ofen etwa 10–12 Minuten goldgelb backen.

## Kartoffel-Croissants

| |
|---|
| 500 g Kartoffeln (mehlig) |
| 20 entsteine, schwarze Oliven |
| 1 EL Öl |
| 1 feingehackte Zwiebel |
| 100 g zerbröselter Schafskäse |
| 1 Bund feingehackte Petersilie |
| 2 Pakete Tiefkühl-Blätterteig |
| Mehl zum Ausrollen |
| 1 Eigelb |
| 2 EL süße Sahne |
| 1 EL grobes Salz (Hagelsalz) |
| Salz |
| frisch gemahlener Pfeffer |

- Kartoffeln schälen und in Salzwasser etwa 20 Minuten garen.
- Auf ein Sieb gießen und ausdampfen lassen, dann durch die Kartoffelpresse drücken und mit Salz und Pfeffer würzen.
- Die Oliven nicht zu fein hacken.
- Öl erhitzen, die Zwiebel darin glasig dünsten.
- Oliven, Schafskäse, Zwiebeln und Petersilie zur Kartoffelmasse geben und vermischen.
- Den Blätterteig auf einer bemehlten Arbeitsfläche dünn ausrollen und in 18 × 10 cm große Stücke schneiden.
- Die Stücke diagonal durchschneiden.
- Auf jedes Stück 1 EL der Füllung geben und von der breiten Seite her zur Spitze aufrollen.
- Eigelb und Sahne vermischen, die Croissants damit bepinseln und mit Salz bestreuen.
- Im 200 Grad heißen Backofen etwa 15–20 Minuten hellgold backen.

| |
|---|
| 4 Portionen |
| Pro Portion: 2080 KJ (507 Kcal) |
| Salatempfehlung: — |
| Getränk: Rotwein |

181

## Mandeltorte

*400 g Pellkartoffeln (mehlig)*
*180 g Zucker*
*8 Eier, getrennt*
*100 g feingewiegte Mandeln*
*100 g Mandelstifte*
*je 1 Prise Salz, Nelkenpulver, Kardamom, abgeriebene Schale einer unbehandelten Zitrone*
*½ ausgekratzte Vanilleschote*
*Butter für die Form*
*Semmelbrösel für die Form*
*1 Tafel Zartbitterschokolade*
*eventuell Puderzucker zum Bestäuben*

- Die am Vortag gekochten Kartoffeln schälen und durch die Kartoffelreibe reiben.
- Den Zucker mit dem Eigelb schaumig rühren und die Kartoffeln unterheben.
- Mandeln, Mandelstifte, Salz und die Gewürze sowie Zitrone und Vanille hinzufügen und vermischen.
- Eiweiß steifschlagen und vorsichtig unter die Masse heben.
- Eine Gugelhupfform (⌀ 25 cm) ausfetten und mit Semmelbrösel ausstreuen.
- Den Teig einfüllen und im 200 Grad heißen Backofen etwa 60 Minuten backen.
- Die Ofentür während der gesamten Backzeit nicht öffnen und nach dem Abschalten weitere 20 Minuten geschlossen lassen.
- Kuchen herausnehmen und auf ein Kuchengitter stürzen.
- Die Schokolade schmelzen und den Kuchen damit überziehen.
- Eventuell mit Puderzucker bestäuben.

Der Kuchen wird sehr dunkel, was den Geschmack jedoch nicht beeinträchtigt. In keinem Fall die Ofentür öffnen und abdecken!

4 Portionen
Pro Portion: 3680 kJ (897 kcal)

183

# GEMISCHTE
# SALATE

**E**in Kunstwerk aus einem Salat zu machen, ist überhaupt keine Kunst: Salatblätter, Gemüse und Kräuter sind von der Natur so schön gestaltet, daß man sie nur wirken lassen muß. Wir plädieren deshalb dafür, Salate auf großen, flachen Tellern anstatt in einer Salatschüssel anzurichten. Das hat auch Vorteile für Geschmack und Aroma: Fein dosiert über die Zutaten geträufelt, verbindet sich die Salatsauce mit ihnen, ohne sie zu ertränken.
Natürlich kann man Salat zu allen Kartoffelgerichten essen. Wir geben bei vielen Rezepten in diesem Buch zusätzlich an, welche Komposition unserer acht Salate dazu am besten paßt.

185

## Feldsalat mit Wachteleiern

250 g Feldsalat
8 Wachteleier
100 g Räucherspeck
4 Scheiben entrindetes Weißbrot
2 EL Öl
1 Päckchen Kresse
3 EL Rotweinessig
9 EL Olivenöl
Salz
frisch gemahlener Pfeffer

- Feldsalat verlesen, waschen und gründlich abtropfen lassen.
- Wachteleier in kochendes Wasser geben, 4 Minuten garen, abschrecken, schälen und halbieren.
- Räucherspeck in feine Streifen schneiden und in der Pfanne knusprig ausbraten.
- Weißbrot in feine Würfel schneiden.
- Öl in der Pfanne erhitzen, Brotwürfel darin goldbraun rösten.
- Kresse mit der Küchenschere abschneiden.
- Aus Essig, Öl, Salz und Pfeffer die Marinade bereiten.
- Feldsalat in der Marinade wenden und auf Tellern verteilen.
- Mit Wachteleiern, Speckstreifen und Croutons belegen, mit Kresse bestreuen und mit restlicher Marinade beträufeln.

## Salat von Brechbohnen mit Birnen

### 2

| | |
|---|---|
| 1 Pfund Brechbohnen | |
| 1 EL Butter | |
| 100 g Pinienkerne | |
| 2 Williamsbirnen | |
| 20 Stück rote Trauben | |
| 1 Bund Minze (Blättchen gezupft) | |
| 3 EL Apfelessig | |
| 9 EL Pistazienöl | |
| Salz | |
| frisch gemahlener Pfeffer | |

- Die Bohnenenden schräg abschneiden, Bohnen in schräge Stücke schneiden.
- In kochendes Salzwasser geben und 4 Minuten garen.
- Auf ein Sieb gießen und kalt abbrausen.
- Butter erhitzen und die Pinienkerne darin goldgelb rösten.
- Birnen längs in dünne Scheiben schneiden.
- Trauben ebenfalls längs in dünne Scheiben schneiden.
- Die Hälfte der Minze in feine Streifen schneiden.
- Aus Essig, Öl, Salz und Pfeffer die Marinade bereiten, Minzestreifen unterziehen.
- Bohnen, Birnen und Trauben auf Tellern verteilen, Pinienkerne darüberstreuen.
- Mit der Marinade beträufeln und mit Minzeblättchen bestreut servieren.

**Eichblattsalat mit Gemüse- würfelchen**

3

| |
|---|
| 1 Eichblattsalat |
| 2 gewürfelte Karotten |
| 1 Lauchstange (hellgrüner Teil gewürfelt) |
| ½ gewürfelte Staudensellerie |
| 1 Tomate, gehäutet, entkernt, gewürfelt |
| 1 EL Öl |
| 1 feingehackte Zwiebel |
| 100 g Mungo-Bohnensprossen |
| 1 EL Senf |
| 3 EL Rotweinessig |
| 6 EL Öl |
| Salz, frisch gemahlener Pfeffer |
| Zucker |

- Salat zerteilen, waschen und gründlich trocknen
- Karotten, Lauch und Sellerie in kochendem Salzwasser knackig garen, auf ein Sieb gießen und kalt überbrausen.
- Öl erhitzen und die Zwiebel darin glasig dünsten.
- Die Zwiebel mit Senf, Essig, Öl, Salz, Pfeffer und Zucker verrühren und mit dem Pürierstab schaumig aufschlagen.
- Salat in der Marinade wenden und auf Tellern verteilen.
- Mit Gemüse und Sprossen belegen und die restliche Marinade darübergeben.

## Salat von Grapefruit, Granatapfel und Radieschen

**4**

| |
|---|
| 1 Kopfsalat |
| 1 Lollo Rosso |
| 1 Frisée-Salat |
| 1 kleiner Radicchio |
| 1 Grapefruit rosé |
| 1 Granatapfel |
| 1 Bund Radieschen |
| ½ Bund Petersilie (Blättchen gezupft) |
| 3 EL Essig |
| 9 EL Öl |
| Salz |
| frisch gemahlener Pfeffer |
| Zucker |

- Die Salate zerteilen, waschen und gründlich trocknen.
- Grapefruit schälen, die weiße Haut entfernen und filetieren.
- Den Granatapfel entkernen.
- Die Radieschen in Scheiben schneiden.
- Aus Essig, Öl, Salz, Pfeffer und Zucker die Marinade bereiten.
- Die Salate in der Marinade wenden und auf Tellern verteilen.
- Mit Grapefruit, Granatapfelkernen, Radieschen und Petersilie belegen und die restliche Marinade darübergeben.

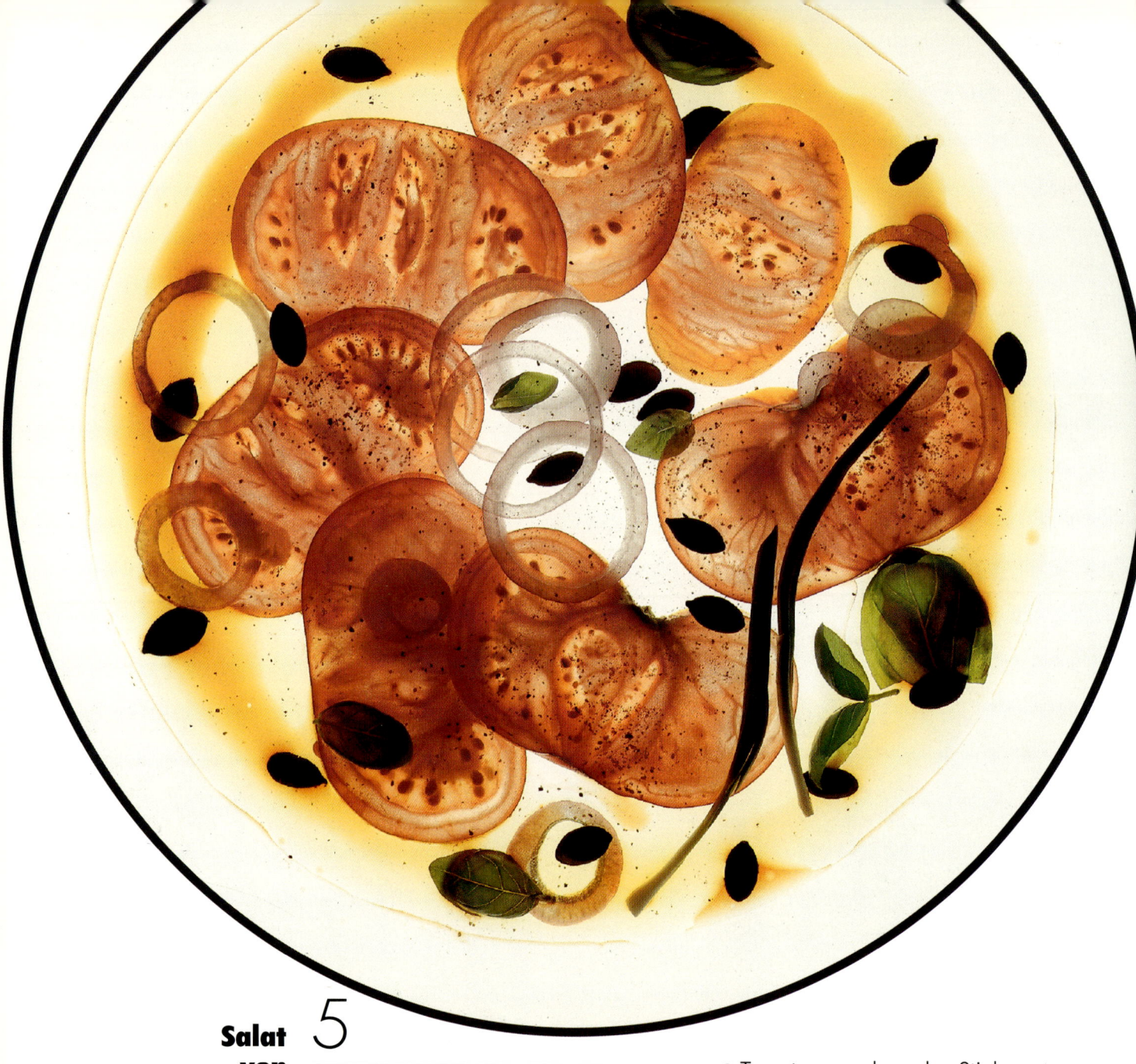

## Salat von Fleischtomaten

**5**

| 4 Fleischtomaten |
| --- |
| 2 Schalotten |
| 1 Bund Basilikum |
| 3 EL Aceto Balsamico |
| 9 EL Olivenöl |
| Salz |
| frisch gemahlener Pfeffer |

- Tomaten waschen, den Stielansatz entfernen und längs in Scheiben schneiden.
- Schalotten schälen und quer in dünne Scheiben schneiden.
- Vom Basilikum die Blättchen zupfen.
- Aus Aceto Balsamico, Olivenöl, Salz und Pfeffer die Marinade bereiten.
- Tomaten und Schalotten auf Tellern verteilen und mit der Mariande beträufeln.
- Mit Basilikum bestreut servieren.

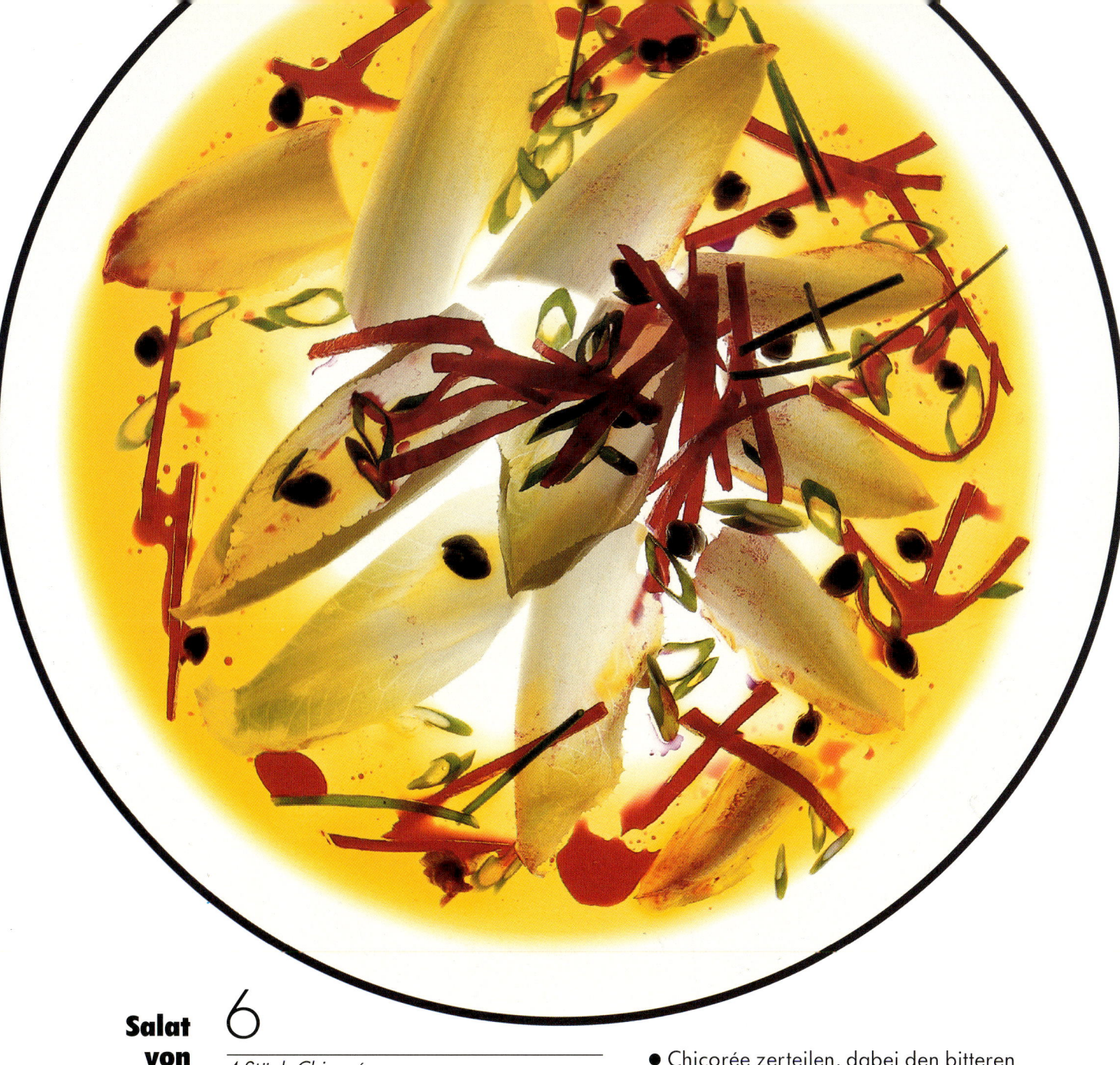

## Salat von Chicorée und Roter Bete

**6**

- 4 Stück Chicorée
- 2 Stück Rote Bete
- 1 Bund Schnittlauch
- 3 EL Zitronensaft
- 9 EL Distelöl
- 50 g Kapern
- Salz
- frisch gemahlener Pfeffer

● Chicorée zerteilen, dabei den bittern Stielansatz entfernen, waschen und abtropfen lassen.
● Rote Bete in kochendes Salzwasser geben und 20 Minuten garen.
● Auf ein Sieb gießen und abkühlen lassen.
● Rote Bete schälen und in feine Streifen schneiden.
● Schnittlauch waschen und schräg in längere Streifen schneiden.
● Aus Zitronensaft, Distelöl, Salz und Pfeffer die Marinade bereiten, die Kapern zum Schluß unterziehen.
● Chicorée und Rote Bete auf Tellern verteilen und mit der Marinade beträufeln.
● Mit Schnittlauch bestreut servieren.

## Salat von grünem Spargel und Walnüssen

**7**

| |
|---|
| 1 kg grüner Spargel |
| (holzige Teile wegschneiden) |
| 100 g geschälte Walnüsse |
| 1 Bund Brunnenkresse |
| 3 EL Himbeeressig |
| 9 EL Walnußöl |
| Salz |
| frisch gemahlener Pfeffer |

- Spargel in kochendes Salzwasser geben und knackig garen.
- Auf ein Sieb gießen und kurz und kalt überbrausen, abtropfen lassen.
- Walnüsse grob hacken.
- Brunnenkresse waschen und in Blättchen zupfen, die Hälfte davon in feine Streifen schneiden.
- Aus Himbeeressig, Walnußöl, Salz und Pfeffer die Marinade bereiten, die Brunnenkresse zum Schluß unterziehen.
- Spargel und Walnüsse auf Tellern verteilen und mit Marinade beträufeln.
- Mit Brunnenkresseblättchen bestreut servieren.

## Salat von Avocado mit Caviarcreme

8

- 2 reife Avocados
- 1 Zitrone
- 10 gehäutete und entkernte Kirschtomaten
- 1 Bund Estragon
- 200 g Crème fraîche
- 50 g süße Sahne
- 50 g Lachscaviar
- Salz
- frisch gemahlener Pfeffer

• Avocados schälen, halbieren und den Kern entfernen.
• Avocados quer in Scheiben schneiden und mit Zitronensaft beträufeln.
• Kirschtomaten quer in Scheiben schneiden.
• Estragon (bis auf 2 Stengel) fein hacken. Von den restlichen Stengeln die Blättchen zupfen.
• Crème fraîche mit Sahne, Salz, Pfeffer und gehacktem Estragon verrühren.
• Crème fraîche auf Tellern verteilen und mit Avocados und Tomaten belegen.
• Mit Lachscaviar und Estragonblättchen bestreut servieren.

ESSIG

& ÖL

Es ist erst die Sauce, die aus Grünzeug einen feinen Salat macht. Es sind Essig und Öl, die der Salatsauce ihren Charakter geben. Die Auswahl an beiden ist so groß, daß man täglich neue Saucenkreationen schaffen könnte. Damit ihr Aroma voll zur Geltung kommt, kombiniert man am besten so: Zu einem sehr würzigen Essig, wie Himbeer- oder Sherryessig, paßt ein geschmacklich zurückhaltendes Öl. Und umgekehrt zu einem dominierenden Öl, zum Beispiel aus Kürbiskernen oder Walnüssen, nimmt man eher einen neutralen Essig.
Auf der nächsten Seite finden Sie einen Überblick über die Essig- und Ölsorten.

Kartoffelessig
Essig-Essenz
Obstessig
Kräuteressig
Aceto Balsamico
Sherryessig
Himbeeressig

**E**ssig verstärkt das Aroma von Kräutern und Gewürzen, aber nur dann, wenn er sparsam dosiert wird, damit die Säure nicht alles übertönt. Da die Essigsorten unterschiedlich scharf sind, muß die Mischung jedesmal ausprobiert werden. Essig macht Rohkost bekömmlicher, weil er die Produktion von Verdauungsenzymen anregt. Essig ist also auch noch gesund!

Kürbiskernöl  Distelöl  Sesamöl  Walnußöl  Traubenkernöl  Olivenöl  Pistazienöl

**Ö**l macht Salatblätter geschmeidig und läßt die Marinade gut an ihnen haften. Will man vom Öl noch etwas schmecken, wird man sich immer für ein kaltgepreßtes entscheiden. Denn die heißgepreßten oder mit chemischen Mitteln extrahierten und gereinigten (raffinierten) Öle verlieren ihren Eigengeschmack und leider auch einen Teil ihrer gesunden Inhaltsstoffe.

# LEXIKON

**Aceto Balsamico (Balsamessig)**
Dunkelbraun, mild und aromatisch süß – für viele die feinste aller Essigsorten. Eine italienische Spezialität aus eingekochtem Most. Je länger dieser Essig lagert, desto dickflüssiger wird er. Aus der Gegend von Modena stammen die berühmtesten, bis zu 20 Jahre alten Balsamicos. Sie werden zum Teil sogar als Jahrgangsessig verkauft.

**Apfelessig**
siehe Stichwort Obstessig

**Branntweinessig**
Scharf, mit hohem Säureanteil. Einfacher, billiger Essig, aus Monopolsprit (überwiegend von Getreide- oder Kartoffelalkohol) vergoren.
Für feine Salate nicht geeignet.

**Champagneressig**
Das Aroma ist noch zarter als beim Weißweinessig, der Geschmack ist ähnlich. Wird aus Champagner vergoren.

**Himbeeressig**
Mild, mit fruchtigem Himbeeraroma und -geschmack. Ein reiner Weinessig, der mit frischen Himbeeren reift.

**Kartoffelessig**
Milde Schärfe, ganz leichtes Kartoffelaroma. Dieser Essig – eine bayerische Spezialität – wird aus Kartoffelalkohol unter Zugabe von frisch gepreßtem Kartoffelsaft hergestellt.

**Kräuteressig**
Wird mit vielen verschiedenen Gewürzkräutern angesetzt, die deutlich hervorschmecken. Basis ist ein Wein- oder Branntweinessig. Gute Sorten sind aus reinem Weinessig und mit einem einzelnen Würzkraut, nicht mit Kräuterauszügen versehen.

**Obstessig**
Mild und fruchtig. Wird hauptsächlich aus Apfelmost vergoren. Man kann ihn auch aus vollreifen Äpfeln herstellen.

**Sherryessig**
Typisches Sherry-Aroma und leichter Sherry-Geschmack. Aus einer Mischung von Wein und Sherry hauptsächlich in Spanien hergestellt.

**Weinessig**
Die guten Sorten schmecken kräftig nach Wein, zum Teil sogar nach der Traubensorte, und bekommen vom Rot- oder Weißwein ihre rote oder helle Farbe. Weinessig darf sich auch ein Gemisch von nur 20 Prozent Wein und 80 Prozent Branntweinessig nennen. Vom reinen Weinessig ist er geschmacklich – und preislich – weit entfernt.

### Distelöl
Mild und neutral im Gschmack. Hat von allen Pflanzenölen den höchsten Anteil an ungesättigten Fettsäuren und gilt deshalb als gesundheitlich besonders wertvoll. Wird aus der Färberdistel, die nur im Wüstenklima gedeiht, kaltgepreßt.

### Erdnußöl
Ist es kaltgepreßt, schmeckt es intensiv nach Erdnuß. Meist wird es jedoch extrahiert und gereinigt. Es ist dann geschmacksneutral und ganz mild, mit einem Hauch von Erdnußaroma.

### Haselnußöl
Starkes Aroma, besonders nussig. Aus Haselnüssen kaltgepreßt. Wird schon nach ein paar Monaten ranzig – deshalb nur in kleinen Mengen kaufen.

### Kräuteröl
Je nach dem zugesetzten Würzkraut hat das Öl ein mehr oder weniger intensives Aroma von Estragon, Basilikum, Rosmarin, Thymian oder einer ganzen Provencekräuter-Mischung. Wichtig für einen guten Geschmack ist aber ebenso die Qualität des Öls. Kaltgepreßtes, neutrales Öl eignet sich am besten für Würzöle.

### Kürbiskernöl
Sehr intensiver, feiner Nußgeschmack, sehr dunkle, grüne Farbe (je dunkler, desto besser die Qualität). Wird in der Steiermark aus den gerösteten Kernen einer speziellen Kürbissorte kaltgepreßt. Sehr begrenzt haltbar.

### Leinöl
Kräftiger, eigenwilliger Nußgeschmack. Leinöl wird aus Flachssamen, auch Leinsamen genannt, kalt gewonnen. Ebenfalls nur kurze Zeit haltbar.

### Olivenöl
Je nach Sorte schmecken die Oliven nur wenig bis kräftig hervor. Die Farbskala reicht von hellgelb bis dunkelgrün – sie ist kein Qualitätsmerkmal. Am feinsten ist kaltgepreßtes Olivenöl erster Pressung, es hat weniger als ein Prozent Säure. Nach neuester EG-Übereinkunft wird es als »natives Olivenöl extra« bezeichnet. Kaltgepreßte Olivenöle kommen aus Italien, Spanien, Frankreich und Griechenland. Höchste Qualität erzielen vor allem die Ölmühlen in der Toskana und in Ligurien.

### Salat-, Speise oder Tafelöl
Helles Pflanzenöl, vollkommen neutral im Geschmack. Es besteht meist aus einer Mischung von verschiedenen Ölsorten, zum Beispiel Erdnuß-, Maiskeim-, Sonnenblumen-, Sojaöl, heißgepreßt oder extrahiert. Um sie haltbar zu machen, werden alle diese Öle chemisch gereinigt (raffiniert). Für eine Salatsauce sind sie keine Bereicherung.

### Sesamöl
Angenehm nussig. Wird die Sesamsaat vor dem kalten Pressen geröstet, ist das Öl dunkel und noch intensiver im Geschmack als das helle Sesamöl.

### Traubenöl
Dunkelgrünes Öl, aus den getrockneten Kernen von Weintrauben extrahiert. Fast neutral im Geschmack. Gilt wegen seines hohen Gehalts an ungesättigten Fettsäuren als gesundheitlich besonders wertvoll.

### Walnußöl
Mild, starker Nußgeschmack. Ein edles, kaltgepreßtes Öl für feine Salate. Hält sich angebrochen nur wenige Monate.

**D**aß der Kartoffelkonsum der Deutschen in letzter Zeit wieder zunimmt, liegt vor allem an den Fertig- und Halbfertigprodukten. Wer wenig Zeit hat, wer nur ab und zu kocht, wer sich an aufwendige Rezepte mangels Erfahrung nicht herantraut, für den sind die abgepackten Kartoffelerzeugnisse eine echte Hilfe. Das Angebot ist sehr groß: Da gibt es die traditionellen Trockenprodukte wie Püree- und Knödelpulver, die Klöße und Knödel im Kochbeutel, die hitzesterilisierten Kartoffeln, Puffer, Kroketten, Rösti und nicht zuletzt vielerlei Knabbersachen – Chips, Sticks, Snacks.
(Außerdem natürlich die Tiefkühlprodukte; mehr darüber auf der nächsten Seite.)
Alle diese Produkte haben den Vorteil, daß sie sich lange halten, daß ihre Qualität immer gleichbleibt – und vor allem, daß man mit ihnen blitzschnell ein Essen auf den Tisch bringt. Wenn man die Angaben auf der Packung beachtet, kann beim Kochen kaum etwas schiefgehen.

**FERTIG**-PRODUKTE

# TIEFKÜHL-
## WARE

202

**G**anz cool kommt die jüngste Generation der Kartoffelprodukte daher, vorgeformt und tiefgefroren – und im Backofen in Minutenschnelle aufgebacken. Noch fixer geht's in der Mikrowelle. Kein Wunder, daß inzwischen jede siebte Kartoffel als Pommes frites verspeist wird! Auch tiefgekühlte Kroketten und Kartoffelplätzchen, Puffer, Rösti und Klöße sind im Aufwärtstrend. Sogar Gesundheitsbewußte können sie guten Gewissens genießen. Im industriellen Schockgefrierverfahren bleiben die wertvollen Nährstoffe der Kartoffel weitgehend erhalten.

PASSENDE

# GETRÄNKE

# BIER

**K**ann man sich zum bayerischen Schweinsbraten mit Knödel ein anderes Getränk vorstellen als ein süffiges Helles? Oder zu Matjes mit Stippe und Bratkartoffeln etwas anderes als ein frisch gezapftes Pils? Es gibt Speisen, zu denen muß eben ein Bier »zischen«. Vor allem Gerichte, bei denen Kartoffeln eine wichtige Rolle spielen, verlangen geradezu danach. Weil der mild bis kräftig herbe Geschmack und der niedrige Alkoholgehalt von Bier schweres Essen »leicht« begleiten.
Bier ist älter als Wein. Rund um die Welt finden sich Zeugnisse, daß die frühen Kulturvölker vor Tausenden von Jahren bereits Bier gekannt haben.

Bei uns war Bierbrauen zunächst Sache der Frauen. Bis ins Spätmittelalter gehörte zum Hausrat, den eine Frau mit in die Ehe brachte, ein Sudkessel. Als Männer die Herstellung an sich rissen – erst Mönche, dann weltliche Bierbrauer und Wirte – entstand bald eine üble Panscherei. Deshalb sah der bayerische Herzog Wilhelm IV. sich 1516 gezwungen, ein Reinheitsgebot für Bier zu erlassen, das seit fast 500 Jahren Gültigkeit hat: Ins Bier gehörten Hopfen und Malz, Wasser und Hefe, und nichts weiter. Hefe war im Reinheitsgebot nicht erwähnt, einfach deshalb, weil man im 16. Jahrhundert noch gar nicht wußte, daß mangels moderner Hygiene überall wilde Hefezellen wuchsen und auch das Bier zum Gären brachten. Erst Louis Pasteur (1822–1895) erkannte dies und züchtete reine Bierhefe. Das Reinheitsgebot gilt in ganz Deutschland als Gesetz. Eine EG-Bestimmung hat es 1987 für Importbiere aufgehoben, um allen europäischen Bierbrauern gleiche Verkaufschancen zu geben, auch denen, die Mais, Reis und chemische Zusätze verwenden. Für die deutschen Bierbrauer wurde die neue EG-Bestimmung fast zu einer Werbekampagne: Sie versicherten, weiterhin das reine, das bessere Bier zu brauen... Der Verbraucher hört's und trinkt's gern.

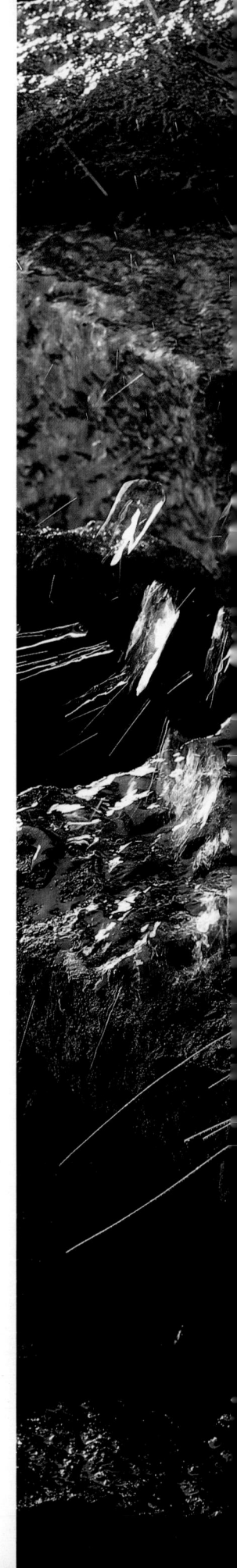

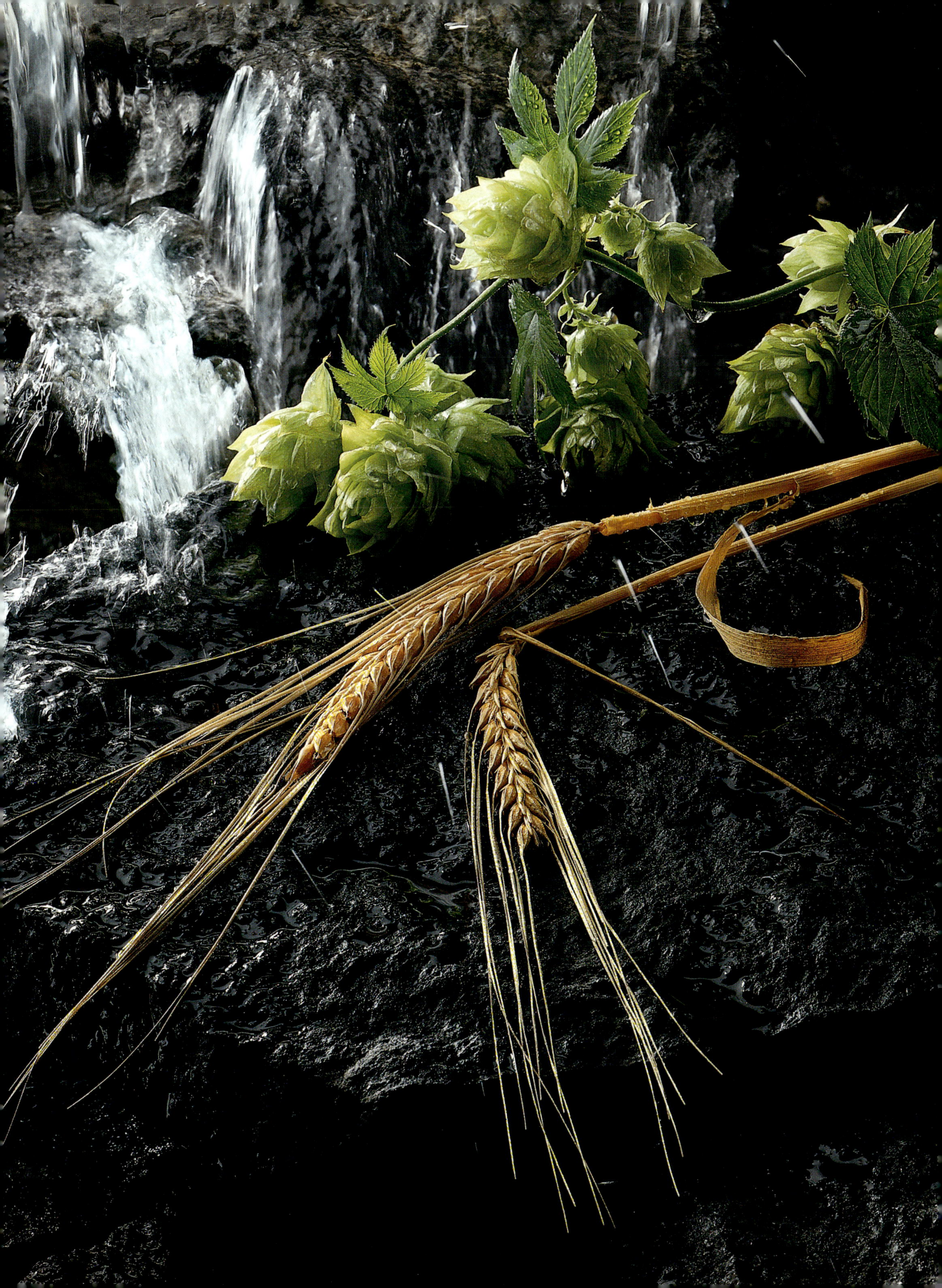

Guinness-Krug  Bierkrug  Willybecher  Pilsflöte  Pilstulpe

# GLÄSER-**VIELFALT**

rliner-Weiße-Pokal    Kölschstange    Altbecher    Weißbierglas    Deckelkrug

# GLÄSER-**INHALT**

# LEXIKON

Über 5000 Biermarken soll es in Deutschland geben – alle mit den gleichen Zutaten Hopfen und Malz (aus Gerste und Weizen) gebraut, aber immer anders schmeckend, weil die Mischung und die Brautechnik schier endlos variiert werden.
Die wichtigsten Biersorten stellen wir hier vor.

## Alt

Das »alte« Bier, obergärig, wie die meisten Biere bis ins 19. Jahrhundert gebraut wurden. Für obergäriges Bier nimmt man obergärige Hefe, die bei Temperaturen von 15 bis 25 Grad vergärt. (Untergärige Hefe vergärt bei 5 bis 10 Grad. Vor der Erfindung von Kältemaschinen im 19. Jahrhundert konnte man untergäriges Bier deshalb nur im Winter brauen.)*

Altbier ist dunkel, rötlich bis bronzefarben, schäumt schwächer und schmeckt hopfenbitter. Es wird hauptsächlich in Nordrhein-Westfalen hergestellt und auch getrunken. Düsseldorf gilt bei Biertrinkern als »Altbierstadt«.

## Berliner Weiße

Eine besonders leichte, helle Weißbiersorte, die nur in Berlin hergestellt werden darf. Sie wird mit einer Spezialhefe angesetzt, die außer Alkohol auch Milchsäure entstehen läßt. Die Berliner Weiße schmeckt deshalb etwas säuerlich, was häufig durch einen »Schuß« Himbeer- oder Waldmeistersirup ausgeglichen wird.

## Bock: siehe »Starkbiere«

## Diätbier

Durch starke Vergärung hat das ziemlich bittere Bier vom Pilstyp etwa ein Viertel weniger Kalorien als normales Bier. Sein Alkoholgehalt ist nicht reduziert! Übrigens: Auch »alkoholfreie« Biere enthalten Alkohol – bis zu 0,5 Prozent. Diese Alkoholmenge muß auf der Flasche nicht angegeben werden.

Fußnote:
* = Obergärige Biere sind Alt, Berliner Weiße, Kölsch, Malzbier oder -trunk, Weizen. Alle anderen Biersorten sind untergärig.

## Dunkel

Keine eigene Biersorte, sondern ein Überbegriff für dunkle Bock- oder Weizenbiere. Den Braunton bekommen sie durch die Verwendung von dunklem Malz.

## Export

Seit der Erfindung des Pasteurisierens im 19. Jahrhundert konnten die großen Brauereien haltbares und transportables Bier erzeugen, das sie »Export« nannten und in alle Welt verschifften. Auch in Deutschland machte sich das helle, goldfarbene Bier sehr beliebt. Bis es Mitte der siebziger Jahre auf der Beliebtheitsskala von dem noch leichteren, herberen Pils überrundet wurde.

## Helles

Hellgelbes, einfaches Bier mit wenig Alkohol (ca. 3,8 Prozent). Das leichte Helle schmeckt malzaromatisch, oft ein wenig süß. In Bayern noch sehr beliebt, besonders in sommerlichen Biergärten, ansonsten ein wenig aus der Mode gekommen.

## Guinness

Ursprünglich ist Guiness der Name einer Brauerei in Irland, die dunkle obergärige Biere herstellt. Diese Biersorte heißt eigentlich Dry Stout, wird inzwischen aber Guiness genannt, auch wenn sie aus anderen irischen Brauereien stammt. Seine tief dunkelbraune, fast schwarze Farbe und seinen typischen mildsahnigen Geschmack bekommt Guiness durch einen Zusatz von ungemälzter, stark gerösteter Gerste.

### Kölsch
Helles Bier, das nur in Köln und Umgebung gebraut wird. Früher schmeckte es ziemlich bitter, heute wird es – dem Publikumsgeschmack angepaßt – sanftherb abgeschmeckt. Es hat wenig Kohlensäure und bildet wenig Schaum. In Kölsch-Kneipen wird es in »Stangen«, zylindrischen 0,2 Liter-Gläsern, ausgeschenkt.

### Lager
So wurden die ersten untergärigen Biere genannt, die im 19. Jahrhundert entstanden und langes Lagern aushielten. In Deutschland ist die Bezeichnung kaum noch zu finden, nur in Großbritannien und einigen englischsprachigen Ländern wird einfaches, helles Bier noch Lager genannt.

### Malzbier
Dunkles, obergäriges Vollbier, das bis zu 1,5 Prozent Alkohol enthalten darf. Malztrunk – eine Bezeichnung, die vor allem in Bayern und Baden-Würtemberg gebräuchlich ist – darf nur bis zu 0,5 Prozent Alkohol enthalten. Im Malztrunk ist auch ein Zuckerzusatz erlaubt.

### Märzen
Ursprünglich nur in München im Frühjahr (im März) gebrautes Bier, das den Sommer über in Kältestollen lagerte. Das bernsteinfarbene Märzen wird fast nur noch als Festbier gebraut. Es ist ziemlich stark (4,2 Prozent Alkoholgehalt durchschnittlich) und schmeckt leicht bitter.

### Naturtrübes Bier
In einigen Brauereien und wenigen ausgesuchten Gaststätten wird seit einiger Zeit naturtrübes Bier, auch Zwickel oder Kräusen genannt, ausgeschenkt. Das Bier kann nur ganz frisch getrunken werden, es ist nicht pasteurisiert und ungefiltert – die ganze Hefe schwebt noch darin. Seit sich herumgesprochen hat, wie gesund Hefe ist, bekommt dieses Bier immer mehr Liebhaber (ähnlich wie Hefeweizen).

### Pils
Eine helle Biersorte mit ausgepägt herbem Hopfengeschmack, die in der tschechischen Stadt Pilsen »erfunden« wurde. Heute ist nur noch der Markenname Pilsner Urquell für das Bier aus Pilsen geschützt. Pils dürfen sich Biere auf der ganzen Welt nennen. Pilsbiere gelten als leicht, sie haben im Schnitt etwas weniger Alkohol als Exportbiere (3,9 Prozent im Vergleich zu 4,1 Prozent). In Deutschland haben sich regional unterschiedliche Geschmacksbetonungen herausgebildet: In Süddeutschland wird Pils eher kräftig und malzbetont gebraut, im Westen eher feinbitter und besonders hell. Der hanseatische Pilstyp ist ausgesprochen herb.
Viele Pilsbrauer bieten heute zusätzlich ein »Premium Pils« als hochpreisiges Spitzenprodukt an, das aus den besten Braugerstesorten mit relativ hohem Kohlensäuregehalt hergestellt wird.

### Rauchbier
Ziemlich dunkles Helles oder Märzen. Seinen typischen rauchigen Geschmack bekommt es vom Malz, das über offenem Buchenholzfeuer trocknet. Rauchbier wird nur in der Bamberger Gegend gebraut.

### Starkbiere
Dazu gehören Bock, Doppelbock, Eisbock, Weizenbock, Weizendoppelbock – lauter Biere mit sehr hohem Alkoholgehalt von über fünf bis sechs Prozent, in Ausnahmen sogar bis zehn Prozent. Im Geschmack sind die goldgelben bis braunen Biere eher malzbetont. Die Starkbiere wurden früher in den Klöstern während der Fastenzeit als »flüssige Nahrung« gebraut. Der Name »Bock« hat nichts mit dem gleichnamigen Tier zu tun. Er leitet sich in bayerisch-mundartlicher Verballhornung von der Stadt Einbeck (an »Bock«) ab, von wo die reichen Münchner sich im 16. Jahrhundert ihr Bier schicken ließen.

### Weißbier oder Weizen
Überwiegend aus Weizen gebraut, aber immer auch mit einem Anteil an Gerstenmalz, wegen des kräftigeren Geschmacks. Die hellen, klaren Sorten werden Kristallweizen genannt. Hefeweizen nennt man die trüben Sorten, aus denen nur ein Teil der Hefe herausgefiltert wird. Weizenbier gibt es von sehr hell bis ganz dunkelbraun (mit paradoxen Markennamen wie »Dunkle Weiße«, »Schwarze Weiße«, »Die Schwarze«), je nachdem, wie hell oder dunkel das verwendete Weizen- und Gerstenmalz ist.

# WEIN

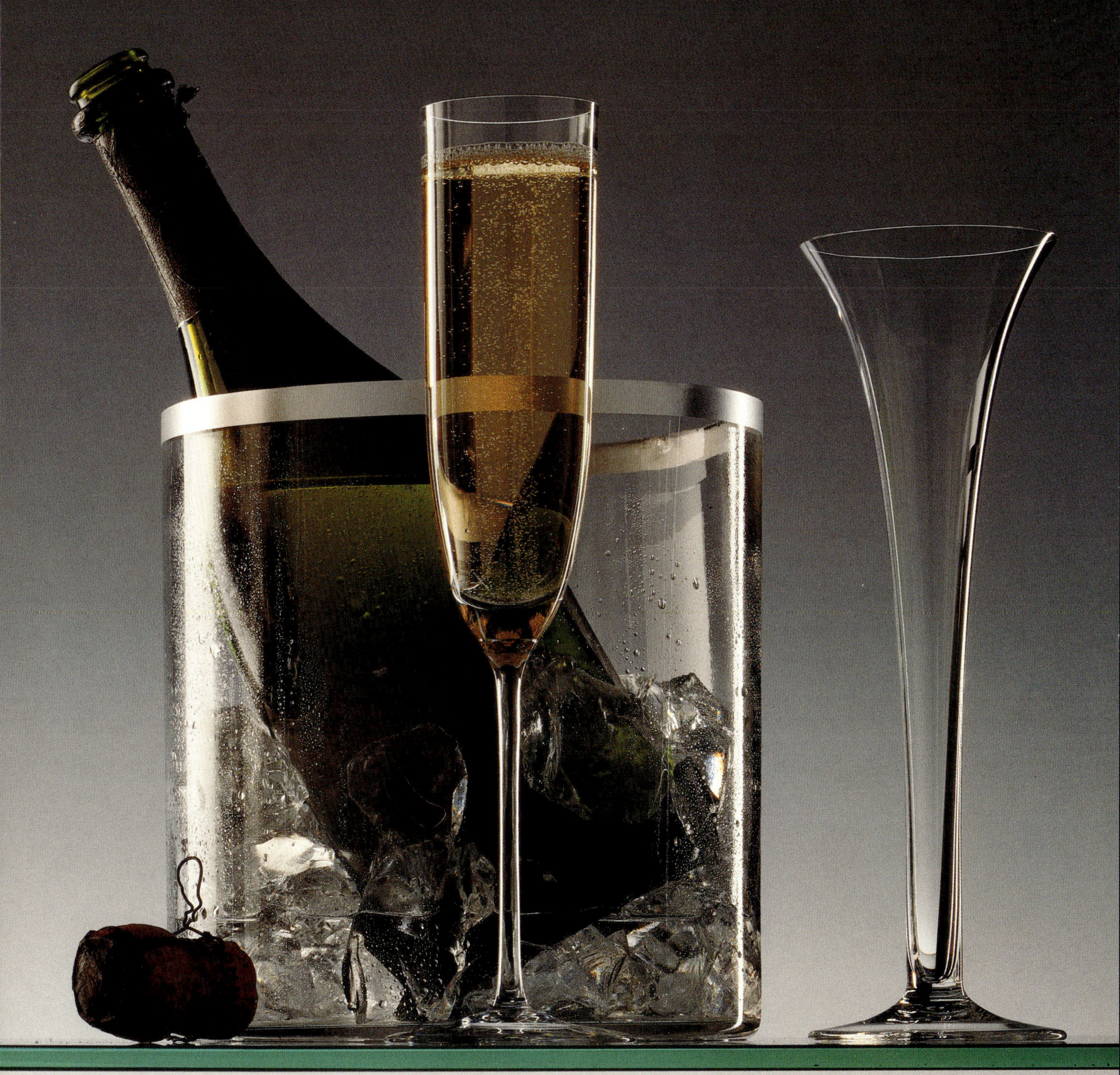

# WEIN-

Auf den vorigen Seiten haben wir noch vom kühlen Bier zu allerlei Kartoffelgerichten geschwärmt. Und nun doch Wein-Empfehlungen? Bei vielen Rezepten in diesem Buch begleiten Kartoffeln in verschiedener Zubereitung auch sehr feine Gerichte, die durch den passenden Wein noch zusätzlich veredelt werden. Wenn Spargelzeit ist, ist eben auch Rieslingzeit. Kräftig gebratenes Fleisch wird von einem kräftigen Rotwein geschmacklich aufs angenehmste ergänzt.

Die alte Vorschrift – weißer Wein zu weißem Fleisch und roter Wein zu rotem Fleisch – wich allerdings neuen Erkenntnissen: Danach ist es wichtiger, als die Farbe des Weines, daß Speisen mit zartem, zurückhaltendem Eigengeschmack von leichten Weinen begleitet werden und kräftiges, stark gewürztes Essen von gehaltvolleren Weinen. Damit die Aromen sich nicht gegenseitig übertönen.

Die Wein-Empfehlungen in diesem Buch sollen Ihnen nur die Richtung weisen. Entscheidend für die Auswahl ist jedoch Ihr ganz persönlicher Geschmack und Ihre eigene Weinerfahrung.

### Leichte Weißweine

Trocken, mit unaufdringlichem Geschmack und dezentem Aroma. Ihre Farbe ist blaß, fast weiß bis hellgelb, machmal leicht ins grünliche gehend. Man trinkt sie jung (etwa ein bis drei Jahre alt). Sie sollen sehr kalt serviert werden (6 bis 7 Grad).

### Beispiele:

*Riesling,* trocken oder halbtrocken ausgebaut, von Mosel, Nahe, Rheingau.
*Silvaner* aus Franken, Rheinhessen, Württemberg
*Grüner Veltliner*
*Weißer Bordeaux* von Entre-deux-Mers
*Blanc de Blancs* von der Loire
*Soave*
*Frascati*
*Verdicchio*
*Vernaccia*
*Weißweine aus dem Trentin*
*Galestro*
*Maestro*

### Kräftige Weißweine

Trocken oder halbtrocken, im Geschmack und im Aroma deutlich fruchtig. Die Weinfarbe reicht von strohgelb bis zum satten goldgelb. Diese Weine werden jung getrunken (normalerweise nicht länger als vier Jahre gelagert). Richtige Trinktemperatur: um 9 Grad.

### Beispiele:

*Riesling* aus Baden
*Spätlesen* oder *Auslesen,* trocken oder halbtrocken ausgebaut, von Mosel, Rheingau und Württemberg
*Kerner*
*Ruländer*
*Scheurebe*
*Trockener Gewürztraminer*
*Riesling* und *Silvaner* aus dem Elsaß
*Chablis*
*Weißer Burgunder*
*Sancerre*
*Côtes-du-Rhone blanc*
*Muscadet*
*Provence-Weißweine*
Weißweine aus dem Friaul: *Pinot Grigio* und *Bianco*
*Chardonnay-Weine* aus Mittelitalien

# EMPFEHLUNGEN

### Rosé und Weißherbst

Frisch und leicht fruchtig im Geschmack, dabei trocken. Die Farbe reicht von sanftem rosé bis zu leuchtendem hellrot. Die besseren Rosés und die Weißherbste werden aus roten Trauben gewonnen, einfache Rosés sind manchmal eine Mischung aus Weiß- und Rotwein. Rosé und Weißherbst sollen jung getrunken werden. Man serviert sie kalt ( 8 bis 10 Grad).

### Beispiele:

*Spätburgunder Weißherbst* und *Portugieser Weißherbst,* beide aus Baden, Württemberg oder der Pfalz
*Schillerwein*
*Badisch Rotgold*
*Pinot Noir* aus dem Elsaß
*Rosés* aus Languedoc, Provence, Roussillon und von der Loire
*Vin de Sable*
*Tavel*
*Rosato* oder *Chiareto*
*Lagrein Kretzer* aus Südtirol

### Leichte Rotweine

Trocken, mild bis feinherb mit deutlicher Fruchtsäure und wenig Gerbstoffen. Hellrot, einige haben einen leichten Violett-Ton. Leichte Rotweine trinkt man frisch, sie können bis zu fünf Jahren gelagert werden. Kühl schmecken sie am besten (nicht über 15 Grad).

### Beispiele:

*Trollinger*
*Portugieser*
*Spätburgunder* von der Ahr, aus Württemberg und Nordbaden
*Beaujolais*
Rotweine von *Rhône* und *Loire* sowie aus der *Provence*
*Landweine* aus dem Midi
*Bardolino*
*Chianti*
*Valpolicella*
Südtiroler *Vernatsch* und *Lagrein dunkel*
*Junger Rioja*

### Kräftige Rotweine

Samtig, vollmundig, wuchtig, trocken oder halbtrocken. Sie sind sehr dunkel, von rubinrot bis leuchtend rotbraun. Fülle bekommen die kräftigen Rotweine unter anderem durch die Lagerung. Drei Jahre alt sollten sie mindestens sein, zwischen fünf und acht Jahren schmecken sie am besten (ausgenommen Spitzenweine, die noch länger reifen müssen). Man sollte sie zwischen 15 und 18 Grad servieren — da sie sich im Glas noch weiter erwärmen, entfalten sie so ihr Bukett am besten.

### Beispiele:

*Spätburgunder* aus Südbaden
*Trocken ausgebaute Spätburgunder* aus Württemberg oder von der Ahr
*Lemberger Spät- und Auslesen*
*Bordeaux:* Die Skala reicht vom Cru Bourgeois bis zu den weltberühmten Grands Crus Classés
*Bourgogne*
*Cahors*
*Châteauneuf-du Pape*
*Hermitage*
*Brunello di Montalcino*
*Vino Nobile di Montepulciano*
*Barolo*
*Barbaresco*
*Chianti Riserva*
*Valpolicella Amarone*
*Rioja*
*Valencia*
*Penedès*
*Dão Bairrada*

# WODKA

Daß Wodka, das klare Wässerchen, aus Kartoffeln herausdestilliert wird, ist eine Mär. Denn Wodka wurde in Rußland und Polen immer schon aus Getreide hergestellt. Auch wenn die Kartoffelbauern für sich privat Schnaps aus ihren Feldfrüchten gewonnen haben. Das Märchen haben wir wahrscheinlich rußlanderfahrenen Soldaten zu verdanken, die während des letzten Krieges Kartoffelschnaps auf den russischen Bauernhöfen vorfanden. Die Russen nannten ihn »Wodka«, was aber nicht mehr als »Wässerchen« heißt. Seither ist für viele das russische Wässerchen immer ein Kartoffelschnaps geblieben. Dabei wird Wodka heute weltweit, auch in Deutschland, aus Getreide hergestellt.

Es gibt bei uns aber durchaus Kartoffelschnaps. Er wird in großen Mengen hergestellt, über 400 000 Hektoliter jährlich. Die Bundesregierung subventioniert die Herstellung, nennt das Produkt »Agraralkohol« und behält sich das Monopol vor, Genehmigungen für das Brennen zu vergeben, den Alkohol von den Brennereien abzukaufen und selbst wieder weiterzuverkaufen. Ein Drittel des deutschen Agraralkohols wird zu »Trinkzwecken« weiterverarbeitet, heißt es im Amtsdeutsch, was ganz einfach bedeutet, daß daraus Schnäpse gemacht werden, meist aromatisiert mit Früchten und Kräutern. Sie kommen als Himbeergeist, Marillengeist, Melissengeist in den Handel. Deutscher Schnaps, der im Namen einen »Geist« hat, hat in der Flasche hauptsächlich Kartoffelschnaps. Kartoffelalkohol ist als Basis für hochwertige Schnäpse besonders begehrt, weil er kein eigenes Aroma hat, also wirklich pur ist. Kartoffelschnaps, der sich auch so nennt, wird von zwei deutschen Firmen angeboten.

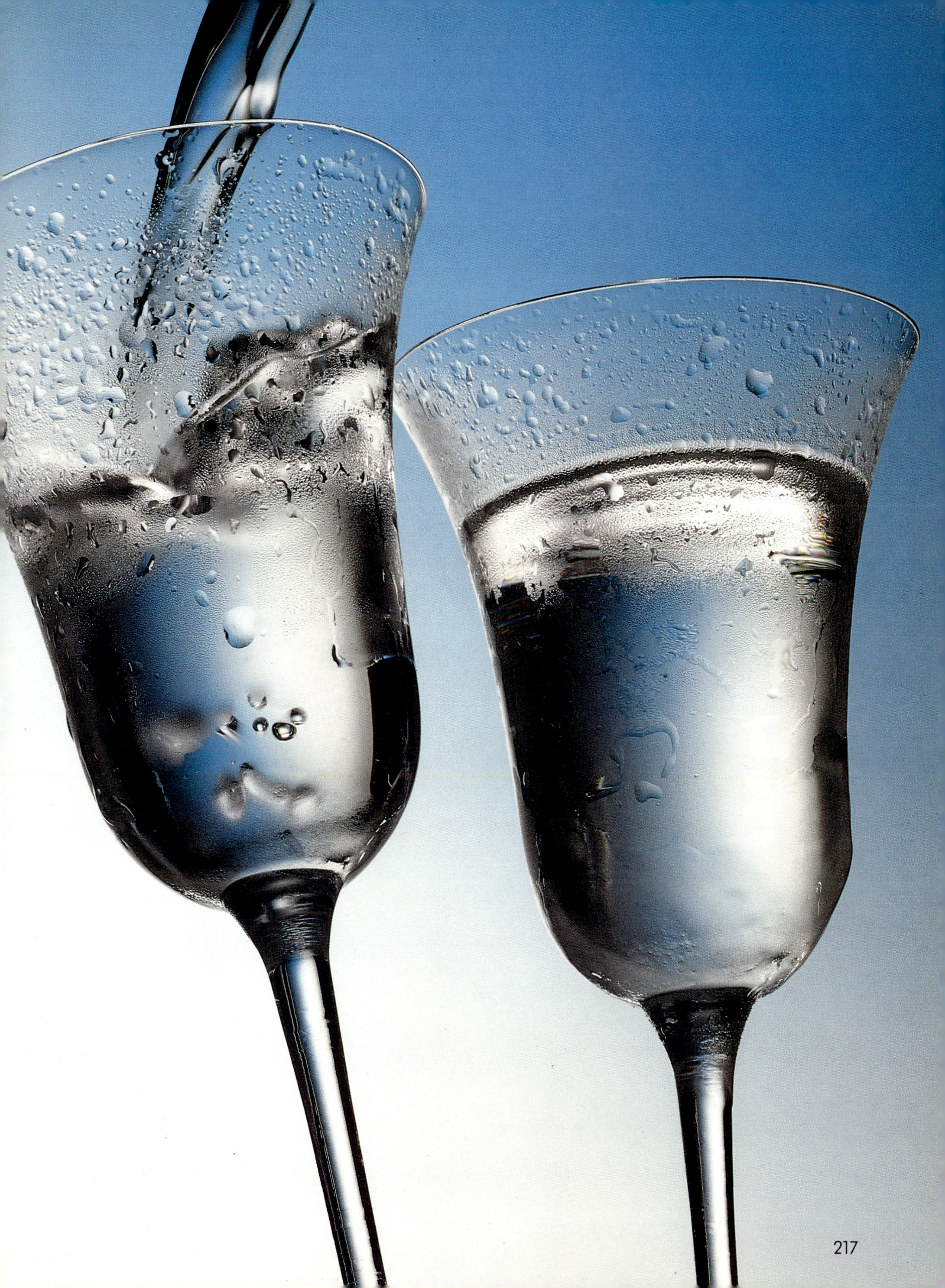

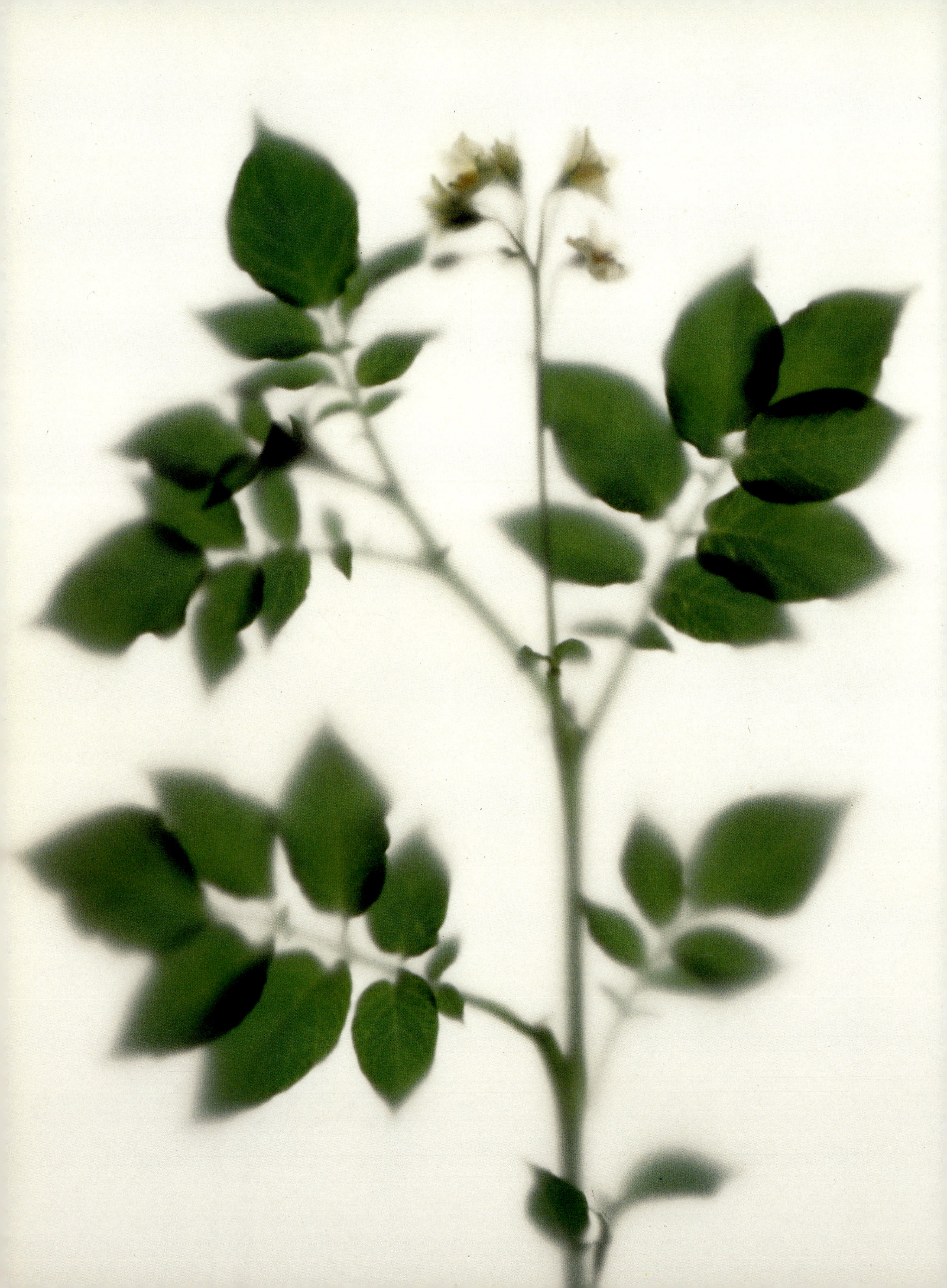

# REGISTER

| | |
|---|---|
| **Frühkartoffeln** | 42 |
| Provenzialische Kartoffeln | 44 |
| Spargel mit Schinken | 46 |
| **Salzkartoffeln** | 48 |
| Flußforelle im Gemüsesud | 50 |
| **Pellkartoffeln** | 52 |
| Beilagen zur Pellkartoffel | 54 |
| Kartoffelsalat mit Speck und Zwiebeln | 56 |
| Kartoffelsalat mit Äpfeln und Mandeln | 58 |
| Kartoffelsalat mit Schafskäse und Oliven | 59 |
| **Bratkartoffeln** | 60 |
| Spiegelei mit Bratkartoffeln | 63 |
| Rheinischer Bratwurstring | 64 |
| Sülze von Sommergemüsen mit Gurken | 65 |
| Tafelspitz mit Bouillongemüsen | 66 |
| Züricher Geschnetzeltes mit Rösti | 68 |
| Tortilla mit Zwiebeln | 71 |
| **Suppen** | 72 |
| Kartoffelconsommé mit Flußkrebsen | 75 |
| Kartoffelsuppe »Altdeutsche Art« | 76 |
| Kartoffelsuppe mit Trüffeln | 78 |
| Kartoffel-Kressesuppe | 80 |

| | |
|---|---|
| **Eintöpfe** | 82 |
| Eintopf »Bäckerart« | 84 |
| Pichelsteiner | 86 |
| Eintopf mit Kochwürsten | 88 |
| **Pürées** | 91 |
| Farbige Pürées | 92 |
| Babysteinbutt mit Safransauce | 94 |
| Himmel und Erde | 96 |
| Flugentenbrust in Schalottenbutter | 98 |
| Herzogin-Kartoffeln | 78 |
| **Klöße & Knödel** | 100 |
| Kartoffelklöße halb und halb | 100 |
| Nackenfleisch mit | 102 |
| Zwiebel-Specksauce & Sauerkraut | |
| Thüringer Klöße | 104 |
| Gänsebrust mit Apfelrotkraut | 106 |
| Kartoffelklößchen mit Seezunge | 108 |
| Pilzknödel mit Hirschfilet | 110 |
| Marillenknödel mit Mohn | 112 |
| Zimtknödel mit Früchtekompott | 114 |
| **Gnocchi** | 116 |
| Gnocchi mit Tomatensauce und Parmesan | 118 |
| Spinatgnocchi mit Ricotta überbacken | 120 |
| **Puffer, Crêpes & Co.** | 123 |
| Wachtelbrüstchen mit Kartoffel-Kräuter-Puffern | 124 |
| Langusten und Pilzragout mit Kartoffelpuffern | 125 |
| Blinis mit Lachs, Caviar und Wachteleiern | 126 |
| Gefüllte Crêpes | 128 |
| Kartoffelwaffeln mit Cassiseis und Kompott | 130 |

| | |
|---|---|
| **Fritiertes** | 132 |
| Pommes frites | 134 |
| Pfeffersteak | 136 |
| Hühnchen in Champignonsahne | 137 |
| **Kroketten** | 138 |
| Kaninchenkeulen in Senfsauce | 140 |
| Mandelbällchen | 142 |
| Fasanenbrüstchen mit Feigen | 144 |
| Rehkeule in Lebkuchensauce mit Kartoffelbirnchen | 146 |
| Fritierte Gemüse in Bierteig | 148 |
| Kartoffelnester | 151 |
| **Gratins & Aufläufe** | 153 |
| Zucchini-Gratin | 154 |
| Sahne-Gratin | 156 |
| Auberginen-Auflauf | 158 |
| Lauch-Gratin mit Kerbel | 161 |
| Gemüse-Auflauf | 163 |
| Apfel-Maultaschen | 164 |
| Kartoffelsoufflé | 166 |
| **Ofen-Spezialitäten** | 168 |
| Kartoffeln mit Rosmarin und Knoblauch | 168 |
| Folienkartoffeln | 171 |
| Kartoffelpastete | 172 |
| Kartoffelstrudel | 174 |
| **Brot & Gebäck** | 176 |
| Würziges Kartoffelbrot | 178 |
| Kartoffelbrot | 178 |
| Kartoffelbrioche | 179 |
| Kartoffelstangen | 179 |
| Kartoffel-Croissants | 180 |
| Mandeltorte | 182 |
| **Gemischte Salate** | 184 |
| Feldsalat mit Wachteleiern | 186 |
| Salat von Brechbohnen mit Birnen | 187 |
| Eichblattsalat mit Gemüsewürfelchen | 188 |
| Salat von Grapefruit, Granatapfel und Radieschen | 189 |
| Salat von Fleischtomaten | 190 |
| Salat von Chicorée und Roter Bete | 191 |
| Salat von grünem Spargel und Walnüssen | 192 |
| Salat von Avocado mit Caviarcreme | 193 |

# Vom selben Autor bereits erschienen:

Ausgezeichnet
mit dem
KODAK FOTOBUCHPREIS '88

Bodo A. Schieren
**Spaghetti**
Lukullische Raffinessen al dente
224 Seiten mit 135 z. T. doppelseitigen Farbbildtafeln, Format 21 × 27 cm
Leinen mit Schutzumschlag,

ISBN 3-517-01085-5

# Spaghetti. Pasta Superstar.
# Luxus al dente.

»Spaghetti: Pasta Superstar. Ich kenne kein Grundnahrungsmittel, das so sehr die Wollust des Fressens und die Wonnen der Lebensfreude symbolisiert«, bekannte einmal der Schriftsteller Wolf Wondratschek. Spaghetti, das bedeutet für viele seit frühen Kindertagen immer ein Teller Freude, ein Teller Trost, selige Erinnerungen an kulinarische Reisen nach Italien, an durchzechte Nächte in der Studentenzeit... Spaghetti, das ist ein »Appell an die Laune der Improvisation«, an die Virtuosität der Gaumenfreuden. Spaghetti, das muß nicht immer nur ein Topf voller Nudeln mit Tomaten-Fleischsoße, Spaghetti, das können auch raffinierte Variationen der gehobenen Küche sein. »Spaghetti – Lukullische Raffinessen al dente« ist der Pilotband einer neuen Art von Kochbuch-Luxusklasse für eine neue Generation von selbstbewußten Leuten mit Geschmack und Stil, finanzkräftig, modisch, gesellig und mit dem Gefühl für das gewisse Etwas, für Leute, die trotz Sportlichkeit und Kalorienbewußtsein die gehobene Atmosphäre des Genießens und Schlemmens im Kreis von Freunden und Geschäftspartnern zu schätzen wissen. Hervorstechend in Ausstattung und Darstellung verbindet dieser neue Kochbuchtyp eine artifizielle Food-Fotografie von höchster Qualität mit einer verblüffenden Vielfalt von außergewöhnlich originellen Rezepten:Spaghetti mit Gemüse und Pilzen, Spaghetti mit Käse und Sahne, Spaghetti mit Fisch und Schaltieren, Spaghetti mit Fleisch, Spaghetti als Vollwertkost, Aufläufe mit Käse und Fleisch. Zu jedem Gericht werden von einem Meister seines Fachs differenzierte Weinempfehlungen gegeben. Alle abgebildeten Rezepte wurden von einer Foodstylistin nicht nur angerichtet, sondern auch vorher probegekocht. Eine ausführliche Darstellung über Geschichte und Produktion der Spaghetti sowie eine informative Warenkunde runden dieses praktische Kochbuch mit Geschenkcharakter ab.

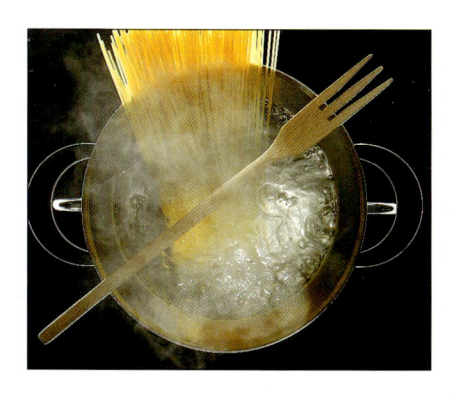

Quellennachweis:

Seite 15 Gemälde Albert Anker:
Schweizerisches Institut für
Kunstwissenschaft
Zürich

Seite 18–21 John Reader
Richmond/Surrey, England

Seite 24–25 Tabelle Kartoffelsorten:
CMA, Bad Godesberg